W0072177

KÖRPERSPRACHE

...UND IHRE GEHEIMNISSE

Herstellung: Libri Books on Demand

ISBN 3-8311-1033-6

© 2000 by Horst Hanisch, 53175 Bonn

Der Text dieses Buches entspricht der neuen deutschen Rechtschreibung.

Die Verwertung der Texte und Bilder, auch auszugsweise, ist ohne Zustimmung des Autors urheberrechtswidrig und strafbar. Dies gilt auch für Vervielfältigungen, Übersetzungen, Mikroverfilmung und für die Verarbeitung mit elektronischen Systemen.

Idee und Entwurf: Horst Hanisch, Bonn
Layout und Gestaltung: Christian Hanisch, Bonn, christian.m.hanisch@gmx.de
Fotos: Robert Merkel, Köln; Kurt Sturm, Bonn; Horst Hanisch, Bonn
Lektorat: Carola Genz, Clausthal-Zellerfeld

Eine Haftung des Autors und seiner Beauftragten für Personen-, Sach- und Vermögens-schäden ist ausgeschlossen.

HORST HANISCH

KÖRPERSPRACHE

...UND IHRE GEHEIMNISSE

Vom selben Autor sind bisher unter anderem folgende Bücher erschienen:

Checklisten für Feiern – Aufgezeigt am Beispiel Silvester. Das Handbuch hilft, alle Arten von Veranstaltungsvorbereitungen, Mitarbeiterbesprechungen und Schlusskontrollen effektiv zu gestalten. 136 Seiten, Broschur. 3-87516-696-5, Matthaes-Verlag, Stuttgart

(sich selbst) Erfolgreich verkaufen – Aufgezeigt am Beispiel Dienstleistung (Gastronomie). Ziele des Buches: Vermittlung einer positiven Lebenseinstellung; Ein besserer Umgang mit anderen Menschen; Erkennen und Abschaffen von Fehlern. Ein Arbeitsbuch mit vielen Aufgaben zum selbständigen Ausfüllen, Ausmalen und Erarbeiten persönlicher Zielvorstellungen. Ca. 300 Seiten, Broschur. 3-87249-227-6, Europa-Verlag, Haan

Servietten formen – Fantasievoll geformte Servietten sind auf jeder Tafel das Tüpfelchen auf dem i. Sie beweisen den Sinn des Gastgebers für stilvolles Ambiente. Über 50 klassische und originelle Formen, durchgehend vierfarbig, viele informative Zeichnungen und sehr schöne Farbfotos der gestalteten Serviette im Gedeck auf dem Tisch, 144 Seiten, gebunden. 3-8068-7406-9, Falken-Verlag, Niedernhausen

Kunstvolles Servietten brechen – Von allen bekannten Serviettenformen wurden nur die wichtigsten aufgeführt. Zu jeder Figur sind entsprechende Zeichnungen zusammengestellt. 9. Auflage, 341 Zeichnungen, 60 Serviettenfotos, 132 Seiten, gebunden. 3-87516-078-9, Matthaes-Verlag, Stuttgart

Kulinarischer Knigge – Perfekte Umgangsformen rund ums Essen. Der Kulinarische Knigge gibt kompetent Auskunft zu Benimmfragen rund ums Essen und Trinken. Durchgehend vierfarbig; mit vielen informativen Zeichnungen und illustrativen Farbfotos, die Appetit auf mehr machen. 184 Seiten, gebunden. 3-8068-7323-2, Falken-Verlag, Niedernhausen

Kulinarischer Knigge (Taschenbuch) – Das Taschenbuch gibt kompetent Auskunft zu Benimmfragen rund ums Essen und Trinken. 80 Seiten. 3-635-60534-4, Falken

Vorstellungstechniken und Bewerbungstraining – Ein kleines Taschen- und Arbeitsbuch, mit dem Ziel die praktische Persönlichkeits-Entwicklung zu fördern. Das Buch gibt Informationen zum wichtigen Ersten Eindruck und zur Schaffung einer positiven Atmosphäre. Neun Checklisten zum Verhalten vor und während eines Vorstellungsgesprächs. Siebenundvierzig verschiedene Eignungstests, deren Ergebnisse nach bestimmten Fähigkeiten aufgeschlüsselt werden. 72 Seiten. 3-921876-60-5, P.A.S.-Verlag, Bonn

Zimmer und Etage – Service mit System. Vom Zimmermädchen zur Hausdame. Die Arbeiten des Etagenpersonals. Arbeiten am und im Gästezimmer. Die ganze Palette der umfangreichen Tätigkeiten vom Säubern der Zimmer bis zum Aufstellen vor Organisationsplänen. 112 Seiten, gebunden. 3-87516-076-2, Matthaes-Verlag, Stuttgart

Tische und Tafeln – Von der kleinen Familienfeier bis zur Massenveranstaltung im Konferenzsaal wird jede Veranstaltung in übersichtlicher Skizze und klarem Text berücksichtigt. 208 Seiten, Beschreibugen von 65 Tisch- und Tafelformen mit 223 Aufrisszeichnungen, 206 Seiten, gebunden. 3-87516-199-8, Matthaes-Verlag, Stuttgart

Der Praktische Bankettservice – Das Buch vermittelt in einer praxisorientierten Schritt-für-Schritt-Anleitung das notwendige Basiswissen für den professionellen Bankettservice. Neben vielen detaillierten Darstellungen einzelner Arbeitsabläufe werden die wichtigsten Service-Varianten, Anleitungen zur Erstellung von Arbeits- und Organisationsplänen, sowie zahlreiche Variationen von korrektem Sitzplan- und Rangordnung behandelt. 144 Seiten, gebunden. 3-87150-414-9, Deutscher Fachbuchverlag, Frankfurt

Vorwort

Die zwischenmenschliche Kommunikation ist ein bedeutender Faktor im arbeitsteiligen Berufsleben. Kommunikation kann verbal und non-verbal erfolgen. Die non-verbale Kommunikation, ausgedrückt insbesondere durch die Körpersprache, wird indes noch immer unterschätzt.

Die Fähigkeit, die menschliche Körpersprache zu verstehen und situationsbezogen zu deuten, kann vor unliebsamen Überraschungen schützen und hilft, andere besser zu verstehen und zu motivieren. Der wohlgesetzte Einsatz der eigenen und das Verstehen der fremden Körpersprache sind mithin Grundlage für eine erfolgreiche Kommunikation überhaupt.

Der Autor, Horst Hanisch, beschäftigt sich seit langem mit diesem faszinierenden Thema. Neben seiner Autorentätigkeit hat Herr Hanisch einen Lehrauftrag an der Kölner Privathochschule „international campus – COLOGNE BUSINESS SCHOOL" für den Fachbereich „Skills Development".

Frank Scholz, Geschäftsführer ic (international campus business school) und ews (Europäische Wirtschafts- und Sprachenakademie Köln, Aachen, Rostock u.a.)

Liebe Leserin, lieber Leser,

laut einer amerikanischen Untersuchung laufen ca. 93 % des zwischenmenschlichen Dialogs über nicht gesprochene, die „non verbale", Kommunikation. Die Art und Weise wie wir schauen, wie wir uns bewegen, wie wir unseren Körper einsetzen, um eine Aussage zu unterstreichen, wird von unserem Gesprächspartner (überwiegend unbewusst) aufgenommen und verarbeitet. Körpersprache und gesprochenes Wort ergänzen einander und ergeben somit ein ehrliches Gesamtbild unseres Gegenübers und von uns selbst.

Manchmal haben wir das Gefühl, dass unser Gegenüber es nicht ehrlich meint, obwohl wir es nicht begründen können. „Ich habe da so ein ungutes Gefühl ...". Hier könnte es sein, dass der Körper etwas anderes aussagt, als das, was wir hören. Schwindelt uns unser Gegenüber an? Oder ist er/sie einfach nur unsicher?

Wie skeptisch wir einer Deutung der Körpersprache auch gegenüber stehen, es lässt sich nicht verneinen, dass die Sprache des Körpers deutbar ist. Unser Ziel in diesem Buch ist, einzelne Mosaiksteine der Körpersprache kennen zu lernen und deuten zu können.

Wer sich intensiv mit diesem Thema beschäftigt, wird sehr schnell merken, wie leicht ein Mensch sich durch seine Körperhaltung „verrät". Dieses Wissen müssen wir nicht nutzen, um jemanden negativ zu „manipulieren", sondern um es uns und unserem Gegenüber leichter zu machen, ein Gespräch optimal führen zu können.

Es hat einige Jahre gedauert, um die Informationen zu diesem Buch zusammenzutragen. Aus unzählig vielen Gesten wurden jene herausgesucht, die gut zu erkennen sind, und die für unsere Kultur bzw. den deutschsprachigen Raum ausschlaggebend sind.

Noch ein gut gemeinter Tipp. Meines Erachtens hat es keinen Sinn, nun gebremst durch den Alltag zu schreiten, weil wir Angst haben, uns durch die Körperhaltung zu „verraten". Nein, wenn die „verbale" Aussage ehrlich ist, ist es die „non verbale" ebenso. Das neue Wissen kann allerdings dazu beitragen, Körperhaltungen, die vom Gesprächspartner negativ gedeutet werden könnten, in besonders wichtigen Situationen (zum Beispiel beim Vorstellungsgespräch) zu vermeiden.

Also: Erst die anderen beobachten, und dann sich selbst.

Viel Spass beim (Selbst-)Studium wünscht
Horst Hanisch

1. Grundsätzliche Überlegungen

1.1 Verbale Sprache und non-verbale Sprache

Tagtäglich unterhalten wir uns mit unseren Mitmenschen. Wir unterhalten uns mit Ihnen, wir sprechen zu und vor Ihnen. Gerade als Vortragender in einem Gespräch oder in einer Tagung reden wir oft sehr viel. Die Zuhörer lauschen erst aufmerksam, bis die Augen kleiner werden und ganz selten soll es schon vorgekommen sein, dass ein Zuhörer beruhigt eingeschlafen ist.

Könnten wir die verbale von der non-verbalen Sprache trennen, hätten unsere Zuhörer auf die Dauer Schwierigkeiten, dem Vortragenden zu folgen. Stellen Sie sich einmal vor, Sie müssten sechs bis acht Stunden den Ausführungen einer Person konzentriert folgen.
Unmöglich, oder?

Nun, glücklicherweise gesellt sich zum gesprochenen (also verbalen) Wort noch das ungesprochene Wort. Sprechen ohne zu sprechen?

Wir halten fest: Die Kommunikation – die Verständigung zwischen zwei Personen – kann verbal und non-verbal geschehen.

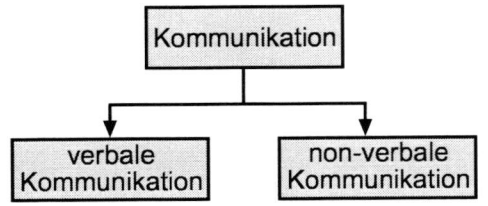

Vielleicht liegt es nahe anzunehmen, dass der größte Teil in einer zwischenmenschlichen Kommunikation durch den verbalen Teil gestellt wird. Tatsächlich zeigt sich aber sehr schnell, dass wir ohne Wörter viel ausführlicher kommunizieren können.

Daraus folgt, dass wir ohne zu sprechen sprechen können.

Es gilt die Aussage: Sobald zwei Menschen, gleichgültig, ob sie sich kennen oder nicht, aufeinandertreffen, beginnen sie sofort, miteinander zu kommunizieren. Stellen wir uns folgende Situationen vor:

1. Wir betreten zusammen mit einer fremden Person einen Aufzug. Wir wissen, dass das ein unangenehmes Gefühl in uns auslöst. Wir reden nicht miteinander, und jeder schaut nach einem kurzen Blickkontakt interessiert auf die Etagen-Anzeige oder an die Aufzugdecke. Wir können nicht flüchten, wir sind gefangen im Aufzug. Wir stehen eng nebeneinander, und trotz allem sind wir in der Regel nicht fähig, verbal miteinander zu kommunizieren. Durch das Bewegen der Augen an die Aufzugdecke vermeiden wir weiteren Blickkontakt zum anderen Fahrgast und signalisieren damit automatisch, dass wir mit ihm nicht verbal kommunizieren wollen. Vielleicht schauen wir auch interessiert auf unsere Fußspitzen, was den Eindruck der Ungemütlichkeit noch verstärkt. Nach unten zu schauen zeigt eine gewisse Demutsgeste. Nach oben zu schauen: Wir suchen Hilfe, die uns in diesem Moment nicht gegeben werden kann.

2. Eine alte Dame spaziert durch die Fußgängerpassage. Ein jugendlicher Punker kommt aus der anderen Richtung auf die alte Dame zu. Automatisch presst die Dame ihre Handtasche fester an den Körper. Sie greift ihren Gehstock besser, um einen sichereren Gang zu bekommen, ja vielleicht sogar, um ihn als Verteidigungswaffe einzusetzen. Wenn es geht, wird die Dame möglicherweise sogar ausweichen, um die gefürchtete Konfrontation zu vermeiden.

3. Ein Fahrgast sitzt in der U-Bahn auf einer Zweierbank. Die Bank gegenüber ist frei. Ein zweiter Fahrgast nimmt dort Platz. Der erste Fahrgast wird nach einem kurzen Blickkontakt (tut der mir nichts?) aus dem Fenster schauen. Weiterer Blickkontakt ist von beiden nicht erwünscht. Wie hätte unser Fahrgast wohl reagiert, wenn sich die zweite Person unmittelbar auf den Platz neben ihm gesetzt hätte?

4. Auf der anderen Seite in der U-Bahn sitzt ebenso ein Fahrgast. Dieser hat neben sich seine Aktentasche abgestellt und auf dem Platz gegenüber einen Teil seiner Zeitung ausgebreitet. Würden Sie sich, sofern andere Plätze frei sind, auf einen dieser beiden blockierten Plätze setzen?

Ohne mit der anderen Person gesprochen zu haben, zeigen unsere Beispielpersonen non-verbal, was sie wünschen oder nicht wünschen bzw. fürchten. Jeder von uns kennt zahlreiche Situationen dieser Art. Erst das non-verbale Verhalten ermöglicht

es uns, sich in unserer Gesellschaft frei und sicher zu bewegen. Ohne große Worte versteht das Gegenüber, was ich denke, fühle, fürchte, wünsche und so weiter.

Und nicht nur das beschriebene Verhalten, sondern noch viel mehr zählt zur non-verbalen Kommunikation.

Diese Beispiele lassen ahnen, wie umfangreich sich die non-verbale Kommunikation präsentiert. Und vor allem auch, wie wichtig diese Kommunikation im zwischenmenschlichen Bereich ist.

Wussten Sie, dass nach nur maximal etwa sieben (7!) Sekunden die Entscheidung gefallen ist, ob Ihnen ihr Gegenüber sympathisch ist oder nicht? Also sieben Sekunden, in denen noch nichts gesprochen wurde!

Wen sprechen Sie auf dem Bahnsteig an, wenn Sie eine Information wünschen. Den ersten Besten?

> *„Man kann nicht nicht kommunizieren.“*
> (P. Watzlawick)

Wussten Sie, dass sich in einem Vorstellungsgespräch der Personalchef nach nur vier (4!) Minuten im Kopf für oder gegen den Kandidaten entschieden hat?

Wenn Sie das erste Mal jemanden sehen, werden Sie in der Regel erst non-verbal miteinander kommunizieren. Sie treffen einen vorher noch nicht gesehenen Gesprächspartner in der Hotelhalle. Sie gehen aufeinander zu, lächeln und geben sich die Hand, nun begleitet durch die ersten Worte. Wie schnell sind hier die ersten Sekunden vergangen.

Wenn Sie als Vortragender das erste Wort an Ihre Zuhörer richten, sind möglicherweise bereits etliche Sekunden vergangen. In den Köpfen der Zuhörer hat sich bereits zu Ihren Gunsten Sympathie, und wenn Sie Pech haben, zu Ihren Ungunsten Antipathie (Abneigung) entwickelt. Und das alles, ohne dass sie ein Wort gesagt hätten!

Wie wichtig ist es für den Vortragenden, negative Assoziationen (Gedankenverbindungen) auslösende Körperbewegungen zu vermeiden! Gerade zu Beginn eines Gesprächs. Denn im Laufe des Gesprächs kann jeder, der die entsprechenden Fähigkeiten aufweist, verbal überzeugen.

So wie die Zuhörer die non-verbale Körpersprache des Vortragendes in den ersten Sekunden deuten, kann natürlich dieser ebenso die Haltung der Damen und Herren aufnehmen.

Auf diese Weise erhält der Vortragende sehr schnell einen ersten Eindruck von den Zuhörern. Ist die Gruppe positiv erwartend? Ist sie aggressiv negativ eingestellt? Verhält sie sich angriffsbereit, lauernd?

Die richtige Beantwortung dieser Fragen ist für den Vortragenden „überlebenswichtig". Es wäre nicht das erste Mal, dass ein fachlich sehr gut ausgebildeter Vortragende in der Praxis vor den Zuhörern versagt, weil er die Körperhaltung nicht oder falsch deutete.

Damit Ihnen das nicht passiert, werden wir hier auf viele non-verbale Signale eingehen und diese erläuternd erklären.

Alles Geschriebene gilt, wenn Sie mit einer Person kommunizieren, oder aber vor mehreren präsentieren.

1.2 Lügt die Körpersprache?

Auf Grund der Erkenntnis, dass die Körpersprache bereits vor dem gesprochenen Wort existierte, kann davon ausgegangen werden, dass die Reaktionen im und mit dem Körper mehr oder weniger automatisch und zum Teil auch unbewusst ausgeführt werden.

In Untersuchungen wurde festgestellt, dass bestimmte Reaktionen sogar auf der ganzen Welt gleich erfolgen und gleich gedeutet werden!

Wir können davon ausgehen, dass eine Körpersprache immer die Wahrheit sagt – sofern sie nicht gezielt falsch eingesetzt wird. Verbal können wir sagen, dass es regnet, obwohl tatsächlich die Sonne scheint und das herrlichste Wetter zu sehen ist. Ganz einfach: wir schwindeln oder noch schlimmer – lügen.

Wenn jemandem kalt ist, wird er versuchen, seinen Körper zu schützen. Er erzeugt künstlich Wärme, indem die Haut anfängt zu zittern, er die Arme vor die Brust hält und vielleicht die Arme reibt, so dass ihm wärmer wird. Erfolgen diese Reaktionen, dann können wir als wahr annehmen, dass unserem Gegenüber kalt ist. Er schwindelt hier nicht.

Eine ganze Menge der non-verbalen Kommunikation kommt also vom Inneren des Menschen heraus; manches, wie zum Beispiel die Vergrößerung oder Verkleinerung der Pupillen lässt sich kaum beeinflussen.

Wir halten fest: Reagiert unser Gegenüber unbewusst, kann davon ausgegangen werden, dass er die Wahrheit sagt.

1.3 Hinweise zur Deutung der Körpersprache

Um aller Kritik gleich entgegenzutreten: Wir werden niemals alles hundertprozentig deuten können, da jede Situation eine andere ist, und jeder Mensch in jeder Situation wieder anders reagiert. Wir müssen also nicht fürchten oder hoffen, dass wir einen Menschen lediglich auf Grund seiner Körpersprache absolut charakterisieren können.

Mit dem Hinzunehmen des gesprochenen Wortes ist das vielleicht einigen Spezialisten möglich. Aber für die Allgemeinheit gilt, dass wir nur bestimmte Dinge deuten und werten können. Immer sollen wir uns vor Augen halten, dass wir ‚nur' menschlich reagieren und damit auch Fehlinterpretationen unterliegen können.

Weiterhin ist es fast unmöglich (und auch nicht fair), nur einen kleinen Ausschnitt aus einem menschlichen Verhalten zu nehmen und daraus auf das komplette Verhalten Rückschlüsse zu ziehen. Zu komplex ist das Zusammenspiel aller Muskeln im menschlichen Körper.

Stellen Sie sich vor, Sie wollten einen Schluck Wasser aus dem Glas trinken, das vor Ihnen auf dem Schreibtisch steht. Es wird Ihnen kaum gelingen, das Wasserglas zu greifen, ohne sich vorher mit Hilfe Ihrer Augen versichert zu haben, wo genau das Glas steht. Während Sie das Glas greifen, werden Sie diesen Vorgang über das Auge kontrollieren. Das heißt, dass hier die Motorik der Hand und die Bewegung der Augen zusammenarbeiten. In der Praxis werden wir diese beiden Dinge gleichzeitig aufnehmen, verarbeiten und deuten. Schauen wir nur die Augen an, könnten wir nicht wissen, dass ein Glas gegriffen werden soll. Auch wenn das Glas zum Munde geführt wird, erfolgt wieder eine Reaktion mit dem Kopf und mit dem Mund, was wir durch das Bewegen der Lippen erkennen können. Schließlich muss der Mund zu einem gewissen Grad geöffnet werden, wenn wir das Glas zum Trinken ansetzen.

Wir können uns vorstellen, wie unendlich vielfältig das Zusammenspiel der Sinne und Körperteile und natürlich auch der Hilfsmittel oder Umgebung ist, um ein Ziel zu erreichen. Und Ziele dieser Art gibt es um Laufe des Tages tausende.

Um die Körpersprache richtig deuten zu können, müssen wir uns folgenden Leitsatz immer wieder ins Gedächtnis rufen, um keine Fehlentscheidungen zu treffen:

ACHTUNG: Die Körpersprache kann nur dann richtig gedeutet werden, wenn das Verhalten eine Reaktion auf eine Aktion darstellt!

Was heißt das? Nun, wir agieren, indem wir etwas sagen oder tun, und unser Gegenüber reagiert. Und just in diesem Moment kann die Reaktion, vielleicht sogar richtig, gedeutet werden.

Beispiel: Wenn jemand mit verschränkten Armen vor uns sitzt, muss das noch lange nicht heißen, dass er uns nicht mag. Vielleicht ist ihm die neue Umgebung etwas unheimlich; vielleicht ist ihm kalt; vielleicht hat er körperliche Beschwerden, derentwegen er diese Körperhaltung einnehmen muss.

Eine eindeutige Deutung ist hier nicht möglich!

Aber: Wenn wir etwas tun oder sagen, und auf diese Aussage hin verschränkt der Zuhörer die Arme vor der Brust, können wir mit ziemlicher Sicherheit davon ausgehen, dass diese Reaktion auf unsere Aktion hin ausgeführt wurde. Und dann ist sie deutbar!

1.4 Kriterien der Wahrnehmung

In den folgenden Kapiteln gehen wir kurz auf verschiedene Wahrnehmungsmerkmale ein. Wir berücksichtigen dabei ausschließlich diejenigen, die wir auch tatsächlich bei Beobachtung und mit Bewusstsein wahrnehmen können, und die sich getrennt von weiteren Körperreaktionen gut deuten lassen.

1.4.1 Haltung

Wie viele Menschen glauben, eine aufrechte Haltung zu haben? Subjektiv (unsachlich) gesehen stimmt das, aber

objektiv (unvoreingenommen) betrachtet, muss das nicht immer so sein. Die Haltung eines Menschen, die durch das Skelett und die Muskeln gesteuert wird, geschieht sozusagen aus dem Unterbewusstsein heraus. Wenn wir die eine oder andere Redewendung betrachten, sehen wir, dass die körperliche Haltung unmittelbar mit dem Gemütszustand übereinstimmen kann.

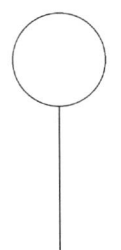

a. Ein aufrechter Mensch geht gerade durchs Leben, er/sie weiß, was er/sie will.

b. Er/sie steht mit beiden Beinen fest im Leben, ist von seinem/ihrem Standpunkt nicht abzubringen, ist energisch und überzeugend.

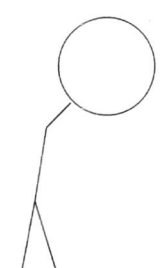

c. Er/sie ist von Gram gebeugt, hat schwer auf seine/ihre Schultern geladen.

Wie deuten Sie die Haltung folgender Gestalten?

 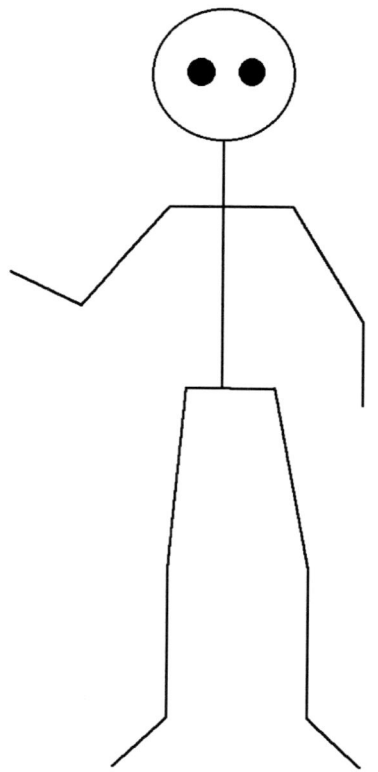

Bevor Sie weiterlesen, geben Sie hier die nach Ihrer Meinung passenden Charaktereigenschaften der beiden oben abgebildeten Menschen an:

Meine Meinung linke Person

Meine Meinung rechte Person

Eine eindeutige Deutung ist nicht möglich. Aber eine wahrscheinliche Erklärung können wir geben.

Linke Person Beobachtung:
- gebeugtes Rückgrat
- Arme ziehen nach hinten
- Hände deuten nach hinten unten weg
- Kopf und dadurch Augen nach unten
- Füße nebeneinander

mögliche Deutung:
- depressive, leicht gebückte Person
- zeigt wenig Handlungsbereitschaft
- zieht sich gerne zurück
- ist scheu
- hält den Kopf „vor" den Körper, um die Situation zu prüfen und sich gegebenenfalls schnell zurückziehen zu können
- ist gehemmt
- vermeidet Augenkontakt und wird deshalb als verschämt, gehemmt, oder als „die Unwahrheit sagend" eingestuft
- hat wenig Freunde
- ist zu bescheiden
- vertritt kaum eine eigene Meinung
- sagt immer „ja" (Jasager) und wird deshalb gerne ausgenutzt
- ist kein „Erfolgsmensch"

Rechte Person Beobachtung:
- steht auf beiden Füßen
- gerade Haltung
- beide Arme sind in Schulterhöhe angewinkelt; nach außen zeigend
- Schultern leicht eingezogen

mögliche Deutung:
- weiß nicht, wie sie handeln soll
- unentschlossen, fragend
- zeigt wenig Eigeninitiative, hat „Angst" vor Entscheidungen
- versteckt sich gerne hinter der Meinung anderer
- wartet ab und wird deshalb kaum eine eigene Meinung als erste präsentieren
- zweifelt an sich selbst, hat vielleicht sogar eine resignierte Lebenseinstellung

Grundsätzlich erkennen wir, dass beide Haltungen bereits irgend etwas aussagen.

Meistens (also nicht immer) stimmt unser Gefühl mit den tatsächlichen Eigenschaften überein.

Wir spüren sozusagen aus dem Unterbewusstsein heraus, wen wir vor uns haben.

1.4.2 Ausstrahlung

Ohne mit Menschen gesprochen zu haben, „bewerten" wir bereits unser Gegenüber. Wir sollten jedoch nicht vergessen, dass wir uns in allerhöchstens nur sieben Sekunden bereits auf Grund unserer Erfahrungen, die wir im Leben gesammelt haben, ein Bild unseres Gegenübers machen. Und das, ohne dass irgendein Wort gewechselt wurde.

Im entgegengesetzten Fall wird es in den negativen „roten" Minusbereich fallen.

Verständlicherweise wird sich unser Verhalten dem Menschen gegenüber ändern oder anpassen, je nachdem, welchen Eindruck wir von ihm haben. Gerne vergleiche ich das mit einem inneren Thermometer, das jeder in sich trägt. Nennen wir dieses innere Thermometer das „Menschometer". Bevor wir einen Menschen das erste Mal sehen, steht das Menschometer, diese Person betreffend, auf 0°, ist also neutral, ausgeglichen.

Person A   Person B

Erscheint uns das Erscheinungsbild, die Ausstrahlung unseres Gegenübers positiv, wird sich unser Menschometer in den positiven „grünen" Bereich bewegen.

Welche der beiden Personen, A oder B, wird es nun wohl leichter haben, uns zu überzeugen? Na ja, Person A natürlich. Durch die positive grüne Grundhaltung bedingt, nehmen wir die Aussagen dieser Person ebenso dankbar wie positiv auf. Das Menschometer steigt.

Stellen Sie sich als Vortragenden vor. Ihre Zuhörer haben alle ein Menschometer im Kopf, das gespannt auf Ihre Erscheinung wartet. Ihr Ziel als Vortragender wird es wohl sein, eine positive Atmosphäre zu schaffen, die die Zuhörer von Ihrer Aussage (aber auch von Ihrer Persönlichkeit) überzeugen wird.

Je „grüner" der erste Eindruck, um so erfolgreicher das Gespräch!

Natürlich können wir auch aus dem roten Bereich heraus operieren. Vielleicht sind die Zuhörer von unserem Vorredner, von den Raumbedingungen oder aus einer bestimmten Situation heraus bereits im roten Bereich angelangt.

Natürlich können wir es schaffen, die Zuhörer durch unsere Ausstrahlung erst in die neutrale Menschometer-Position zu manövrieren und anschließend sogar in den grünen Bereich. Allerdings kostet uns das sehr viel Energie, körperlich und geistig, aber auch Zeit, die verschwendet wird.

Vielleicht ist es Ihnen auch schon passiert, dass Sie die Zuhörer nicht in den grünen Bereich bringen konnten. Das ist für alle Beteiligten eine sehr unbefriedigende Situation. Kritiken werden scharf geäußert. Die Zuhörer blockieren und boykottieren den Vortragenden, wo sie nur können.

Es entwickelt sich ein Gruppenkampf gegen den Vortragenden, den dieser verlieren muss und auch verlieren wird. Hier ist alles Fachwissen umsonst.

1.4.3 Mimik

Sehr deutlich wird uns die Mimik einer Person. Hier tut sich sehr viel, sehr schnell. Im Gesicht eines Menschen sind sehr viele Muskeln am Mienenspiel beteiligt.

Es wird sogar gesagt, dass die Mimik bei älteren Menschen verrät, wie sie ihr Leben durchlaufen haben. Ist da was dran? Wir alle kennen den strahlenden gelben Smily. Nur ein Kreis, 2 Punkte und ein gebogener Strich als Mund.

Betrachten wir uns diesen Smily doch einmal ganz genau und aufmerksam. Welche Gefühle erzeugt der Smily in Ihnen?

Bevor Sie weiterlesen, tragen Sie bitte hier Ihre Notizen ein:

Was haben Sie geschrieben?

Was halten Sie von diesen Gefühlen, die Sie beim Betrachten des Smilys bekommen?

Ich fühle mich:
- sicher, beruhigt
- freundlich
- angenommen
- willkommen
- akzeptiert als Mensch
- positiv beeinflusst
- fröhlich, glücklich
- lebensfroh
- ...

Und das alles nur auf Grund eines Strichgesichts (also noch nicht einmal einer kompletten Strichfigur).

Der Vollständigkeit halber und um den Gegensatz auszudrücken, hier den zweiten Smily.

Nur der Mundstrich wurde gespiegelt. Und schon ergibt sich ein total anderes Bild. Schauen Sie sich auch dieses Gesicht genau an und lassen sie es auf sich wirken. Vielleicht sagen Sie, dass dies alles keine neue Erkenntnis für Sie ist. Aber trotzdem ist das erneute Bewusstwerden dieser

grundsätzlichen Beobachtungen doch fast unglaublich, oder? Möchten Sie mit einem Menschen zu tun haben, der Ihnen wie der zweite Smily entgegentritt? Glauben Sie, die Zuhörer Ihrer Gespräche, Ausführungen, Verkaufsgespräche und Präsentationen möchten gerne mit Ihnen zusammenarbeiten, wenn Sie ihnen mit solch einer Ausstrahlung entgegentreten?

Lächeln entwaffnet!

Lächeln bringt unseren Gegenüber in den grünen Bereich! Lächeln lässt uns leichter unsere Ideen verkaufen (Ideen, Themen, Waren, Leistung usw.). Wenn wir alleine auf Grund der Mundpartie, die bei unseren beiden Smilys mit einem einfachen gebogenen Strich dargestellt wird, bereits so verschiedenartige Gefühle haben – wie sieht es dann in einem menschlichen Gesicht aus, in dem unendlich viele Nuancen erzeugt und wahrgenommen werden können!

Gehen wir überzeugt und selbstsicher durch das Leben, wird unsere Mimik unseren Erfolg sichtbar machen.

In Verhandlungen mit einem potentiellen Auftraggeber werden wir viel bessere Konditionen erzielen als unsere Mitbewerber! Und das nicht nur einmal, sondern ständig. Unser gesamtes (Berufs-) Leben lang. Und unser Erfolg im Gespräch ist fast schon zwingend vorgeschrieben!

1.4.4 Gestik, Motorik

Die Gesamtheit der Gebärden und Bewegungen wird als Gestik bezeichnet. Darunter fallen die Bewegungen der Arme, der Beine und des Kopfes.

Unter Motorik wird die genaue Bewegung, zum Beispiel das Bewegen der Finger beim Griff nach einer Tasse oder das Halten eines Schreibstiftes verstanden. Den Einsatz der Finger, um z.B. einen Text mit der Hand zu schreiben, bezeichnen wir als Feinmotorik. Daumen und Zeigefinger vereinen eine Unmenge von Nervenzellen. Wir können beim Streichen mit den Fingern über Oberflächen neben der Temperatur auch genaue Eigenschaften aufnehmen. Ist die Oberfläche aus Stein, aus Holz, aus Stoff? Ist sie glatt, angerauht, grob? Trocken oder feucht? Liegt auf der Oberfläche eine Brotkrume oder eine Staubfluse?

Um „begreifen" zu können, müssen wir nach den Dingen „greifen". Nicht umsonst hören wir immer wieder die verzweifelten Ausrufe junger Mütter in Geschäften:

„... lass die Finger davon ..."

„... nicht anfassen ..."

„... nur mit den Augen gucken ..."

Unsere Finger und damit die Hände sind also extrem wichtig, um unsere Welt zu verstehen, zu begreifen. Deshalb können wir mit den Händen auch viel mehr aussagen, als mit Wörtern.

Bitten Sie jemanden um die Erklärung, was eine Wendeltreppe ist. In fast allen Fällen wird die Wendeltreppe mit den Fingern nachgezeichnet. Das ist ausdrucksstärker, sicherer und einfacher als es mit unserer Sprache umständlich zu erklären.

Hände unterstützen Aussagen. Sie kennen den Angler, der sooooo einen großen Fisch angelte?

In manchen Ländern werden Hände, ja sogar die Arme extrem in die gesprochene Sprache integriert (angepasst). Stellen Sie sich einen Italiener vor, der eine hübsche Frau oder eine appetitanregende Speise beschreibt. In unserer Kultur haben wir manchmal Schwierigkeiten, auch die Hände während des Sprechens einzusetzen. Damit wird unser Vortrag allerdings auch „gefühlskälter" und schwieriger zu verstehen.

Der geschulte Vortragende wird deshalb Gestik gezielt einsetzen, um verbale Aussagen verständlicher und damit bildhafter zu gestalten. Unter Berücksichtigung unserer Zuhörer sollten wir allerdings vermeiden, vor diesen herumzuhampeln.

Inzwischen ist es kein Geheimnis mehr, dass unbewegte Hände und Arme unsere Gehirnarbeit blockieren. Bewegung der Arme und Gehirnarbeit stehen also in unmittelbarem Bezug zueinander.

1.4.5 Körperdistanz

Wenn wir einem Menschen körperlich zu nahe kommen, wird dieser einen Schritt zurückweichen, um einen größeren Abstand zwischen uns zu schaffen. Jeder von uns trägt eine Art unsichtbarer Wolke um sich herum.

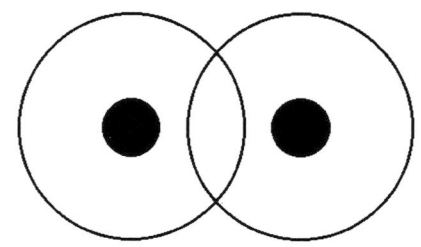

Es wird in den Intimbereich des anderen eingedrungen. Dieser wird sich unwohl fühlen und – wenn die Möglichkeit besteht – fliehen. Ein Austausch oder Verkauf ist nicht möglich. Wir alle wissen, wie unangenehm es für uns ist, wenn in unseren Intimbereich eingedrungen wird. Erinnern wir uns nur an die Situation in einem Aufzug. Hier können wir wegen der räumlichen Gegebenheiten nicht die benötigte und gewünschte Distanz wahren. Deshalb starren wir verzweifelt auf die Etagenanzeige oder an die Aufzugsdecke. Wir vermeiden einen weiteren Blickkontakt, um keine Aggression aufkommen zu lassen. Glücklich sind wir, sobald wir den Aufzug verlassen können.

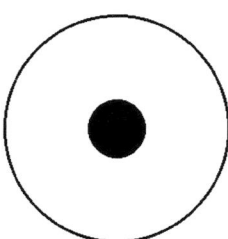

Der Abstand zwischen Wolkenaußenhülle und Körperhaut kann von Kultur zu Kultur und von Mensch zu Mensch verschieden sein. Er beträgt zwischen 0 und bis zu 70 cm. 0 bedeutet die direkte Berührung der anderen Person. Diese erste Distanz nennen wir persönliche Distanz oder Intimdistanz. Es ist die Distanz, die wir mühelos mit Einsatz der Arme verteidigen können. Stehen sich zwei Gesprächspartner gegenüber, wahrt ein jeder die Intimdistanz des anderen. Deshalb stehen beide so:

In bestimmten Situationen müssen wir allerdings akzeptieren, dass jemand in unsere Privatdistanz eindringt. Unter Umständen geschieht dieses Eindringen bis an unseren Körper, zum Beispiel beim Arzt, Masseur, Friseur und so weiter. Das Berühren unseres Körpers bedeutet eine extreme Verletzung des Intimbereichs. Wir erlauben das nur demjenigen, dem wir „intim" sehr nahestehen. Das berufsbedingte Eindringen können wir nur dadurch akzeptieren, dass wir diesen Menschen als Un-Person betrachten.

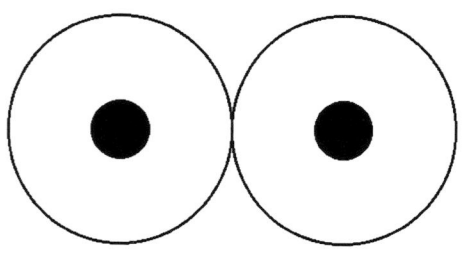

Die Wolkenhüllen berühren sich gerade. Ein guter Gedankenaustausch kann stattfinden. Kommt einer der beiden dem anderen zu nahe, stellt sich die Situation so dar:

Möchte der Vortragende keine Aggression heraufbeschwören, sollte er immer darauf achten, dass die Privatdistanz respektiert wird. Die körperliche Berührung ist sowieso tabu. Sie wird ausschließlich zur Begrüßung und zur Verabschiedung durch das Händereichen gebrochen.

Ein sitzender Zuhörer wird immer Schwierigkeiten damit haben, wenn sich der Vortragende, vielleicht Hilfe anbietend, über ihn beugt. Der Vortragende wirkt dann sehr belehrend und stark bedrohend.

Neben der Privatdistanz kennen wir den Gebietsbereich. Im Privatleben ist das unsere Wohnung, unser Garten oder Balkon, aber auch der Bereich in unserem Auto und sogar unmittelbar um das Auto herum. Diesen Gebietsbereich benötigen wir, um unser tägliches Leben gefahrenfrei zu leben und zu meistern. Also gehört auch unser Arbeitsplatz und der Schreibtisch der Zuhörer in einem Gespräch zum Gebietsbereich. Die Schreibfläche gehört deswegen zum Gebietsbereich, weil der Zuhörer dort eigene Arbeitsunterlagen ablegt und eben diese Fläche benötigt, um zu arbeiten und zu lernen.

Deshalb sollte der Vortragende sich nicht auf diese Schreibfläche mit den Händen aufstützen oder sich gar auf diesen Tisch setzen. Dieses bedeutet ein eklatantes Eindringen in den Gebietsbereich und wird dementsprechend negativ verarbeitet.

Gibt der Vortragende den Zuhörern nicht die Möglichkeit, einen eigenen Gebiets-bereich aufzubauen, werden in der Regel die Zuhörer äußerst vorsichtig, aufmerksam, eventuell sogar gehemmt agieren.

Manche Vortragende wünschen diese Situation so, vielleicht, weil sie damit automatisch eine stärkere Position und damit Machtstellung erreichen.

Berücksichtigen wir das oben beschriebene Menschometer, erkennen wir, dass es schwieriger sein wird, in solch einer Ausgangssituation zu Beginn des Gesprächs positiv zu wirken.

1.4.6 Tonfall
Unser Vortragende wird nun die ersten verbalen Äußerungen tätigen.

Wir wissen, dass unterschiedliche Sprechweisen großen Einfluss auf die verbale Aussage und natürlich auf die Zuhörer haben. Beim Sprechen können wir eine monotone, einschläfernde Sprechweise wählen. Die Zuhörer werden sich sehr darüber freuen, weil sie bald in einen erlösenden Schlaf fallen können.

Stellen Sie sich diese Sprechweise auf längere Zeit vor. Eintönig. So wie der Inhalt des Vortrags?
Die monotone Sprechweise hat keine Höhen und Tiefen. Je gleichförmiger die Sprechweise ist, desto ermüdender empfinden die Zuhörer das Gesagte.

Auch eine wellenartige Sprechweise mit immer gleichen Höhen und Tiefen wird uns eher an die Kirche als an ein Gespräch erinnern:

Daraus folgt, dass unsere Sprechweise eine dynamische sein sollte. Die dynamische Sprechweise kennzeichnet sich durch unregelmäßige Betonung, mal laut unterstreichend, mal leise Aufmerksamkeit heischend aus. Mal sprechen wir etwas langsamer, mal etwas schneller.

In dieser Vielfalt der Tonfälle spiegelt sich die Vielfältigkeit des Themas wieder. Die Zuhörer sind aufmerksam, weil sie nie wissen können, was als nächstes geschehen wird, ganz im Gegensatz zu den beiden zuerst genannten Sprechweisen. Es ist außerdem ratsam, den Redefluss durch Sprechpausen zu unterbrechen, da diese positiv auf die Konzentrationsfähigkeit des Zuhörers wirken können.

Es ist selbstverständlich, dass wir klar, deutlich und sauber sprechen. Was nutzt die schönste Fachinformation, wenn sie genuschelt oder unverständlich vermittelt wird.

Wir bringen Leben in die Sprache. Da unser Thema aktuell und lebendig ist, orientiert sich daran auch die Aussagekraft unserer Ausführungen:

Mal
sachlich – bestimmt – abschließend
fragend – zweifelnd
traurig
erfreut – lustig
ironisch – sarkastisch
darstellend

Unter „darstellend" ist zu versehen, dass eine verbale Aussage non-verbal bildlich gemacht wird. Wir benutzen dazu das sehr große Repertoire der Körpersprache. Je bewegter unsere Sprechweise, um so bewegter, und damit aussagekräftiger, die Reaktionen der Zuhörer!

1.4.7 Blickkontakt, Augen

Durch die Augen sehen wir in das Innere des Menschen. Stimmt das? Nun, die Augen verraten uns sehr viel. Sie können glänzen, sie können trocken wirken. Sie blicken fragend, bohrend, verträumt, verliebt, böse ...

Die Pupillen sind eng oder geweitet, die Augen zu Schlitzen verengt oder weit aufgerissen.

Wird der Blickkontakt zum Gesprächspartner gehalten, gehen wir von Offenheit und Aufmerksamkeit aus. Nach unten gerichtete Augen lassen auf Hemmung, Scheu, Traurigkeit, aber auch auf Schwindeleien tippen. „Der kann mir nicht in die Augen schauen." Bleibt der Blick zu lange fixierend auf das Gegenüber gerichtet, tritt allerdings auch wieder Unbehagen ein. Wir werden nervös oder gar aggressiv. Der andere ist stärker als wir es sind.

Für den Vortragenden heißt das, dass alle Zuhörer immer wieder mit Blickkontakten bedachte werden sollen, sie andererseits aber auch nicht ständig fixiert werden müssen.

1.4.8 Non-verbale Fragen und Antworten

Wie bei allem muss es unser Ziel als Vortragender sein, die Bedürfnisse unserer Zuhörer zu erkennen. Sprechen wir an den Bedürfnissen der Zuhörer vorbei, haben wir das Ziel des Gesprächs verfehlt.

Deshalb beobachten wir ständig die Reaktionen der Zuhörer auch in der Hinsicht: „Hat mich mein Gegenüber überhaupt verstanden? Wo habe ich mich unklar ausgedrückt?"

Bekannte non-verbale Fragen und Antworten sind für uns zum Beispiel:

- das Hochziehen der Schultern und möglicherweise das gleichzeitige Zur-Seite-Schauen (Weiß ich nicht, frag mich nicht.)
- das Hochziehen der Augenbrauen mit gleichzeitigem Runzeln der Stirn (Ist das wohl wirklich so? Ist das wirklich wahr?)
- das Nicken des Kopfes (Ja, stimmt. Diese Beobachtung habe ich an anderer Stelle bereits gemacht.)
- das Wiegen des Kopfes (Ob das wirklich so stimmt?)
- das Runzeln der Stirn mit zusammengepressten Augenlidern (Bitte erkläre mir das noch einmal.)
- das Zur-Seite-Drehen der Augäpfel auf eine dritte Person hin und anschließendes Verdrehen der Augen (Der/die ist wohl ein bisschen verrückt?)

Speziell bei fragenden oder kritischen Signalen kann und sollte der Vortragende reagieren, ohne die verbale Frage oder Kritik abzuwarten.

Auch kann der Vortragende die kritisch schauende Person direkt ansprechen:
„Sie schauen so kritisch. Sind Sie anderer Meinung?"

Durch den folgenden verbalen Austausch erreichen wir, dass sich keine Aggressionen aufbauen.

Abschließend gilt:
Die Zuhörer immer im Auge behalten.
Non-verbale Reaktionen sofort richtig deuten und entsprechend positiv reagieren!

2.1.1 Der Mund lächelt

Ein Lächeln entwaffnet. Diese Person ist dem Sprechenden und der Situation gut gestimmt. Es handelt sich hier um ein „echtes", von innen kommendes Lächeln. (vgl. Aufgesetztes Lächeln 2.3.1).

Sehr positiv für den Gesprächsablauf, speziell dann, wenn mehrere oder alle Zuhörer lächeln (können).

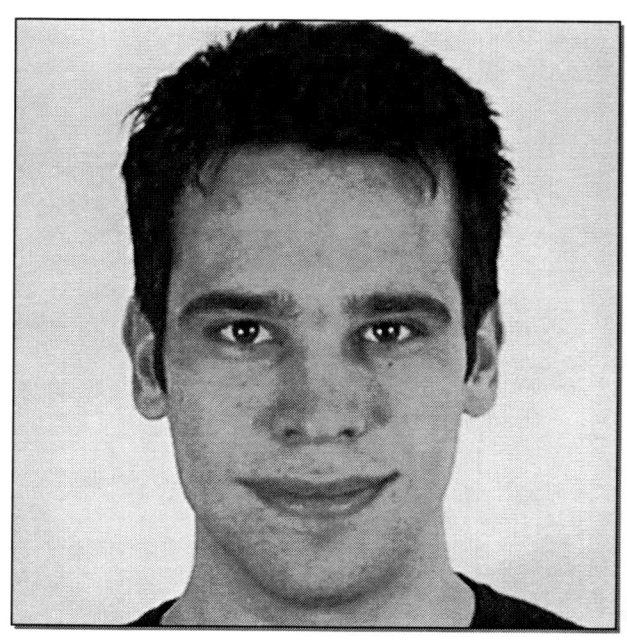

Die Mundwinkel werden leicht nach oben gezogen. Unter den Augen bilden sich „Lachfältchen".

2.1.2 Dem Mund Luft zufächeln

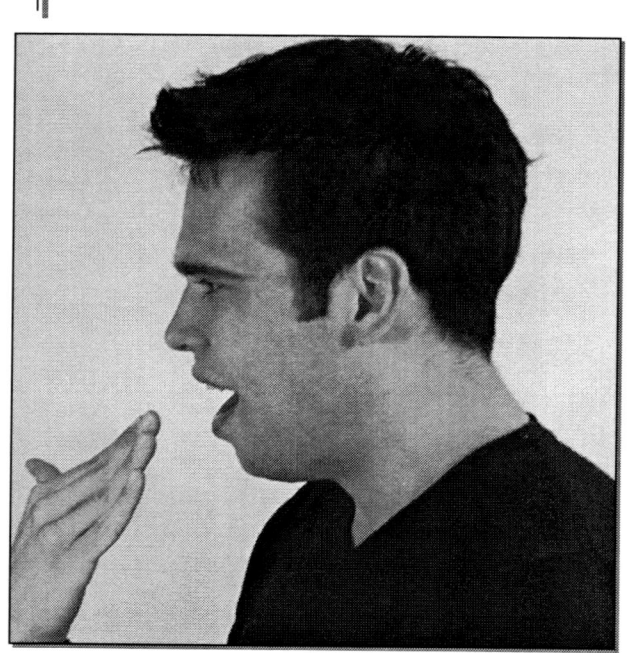

Die Person hat sich gerade den Mund verbrannt, eine sehr heiße Speise oder ein heißes Getränk zu sich genommen. Um die Schmerzen zu lindern, wird kühle Luft zugefächelt.

Diese Geste kann auch symbolisch eingesetzt werden, wenn sich jemand die „Zunge verbrannt" hat.

Mit einer Hand wird dem Mund Luft zugefächelt.

2.1.3 Den Mund zuhalten

Die Person verbietet sich selbst schnell den Mund, weil sie etwas geäußert hat, was sie eigentlich nicht hätte sagen sollen oder wollen. „Oh, Mist, das hätte ich nicht sagen sollen."

Gleichzeitig ist die Person über ihr eigenes Verhalten – oder ihre eigene Offenheit – erschreckt.

Eine Hand wird schnell vor den Mund gelegt, wobei der Daumen abgespreizt ist.

2.1.4 Die Mundwinkel herunterziehen

Die Person drückt ihren Missmut aus. Auch Desinteresse und Nichtwissen können vorliegen. „Weiß ich nicht." oder „Geht mich nichts an."

Nicht sehr positiv für einen konstruktiven Gesprächsablauf.

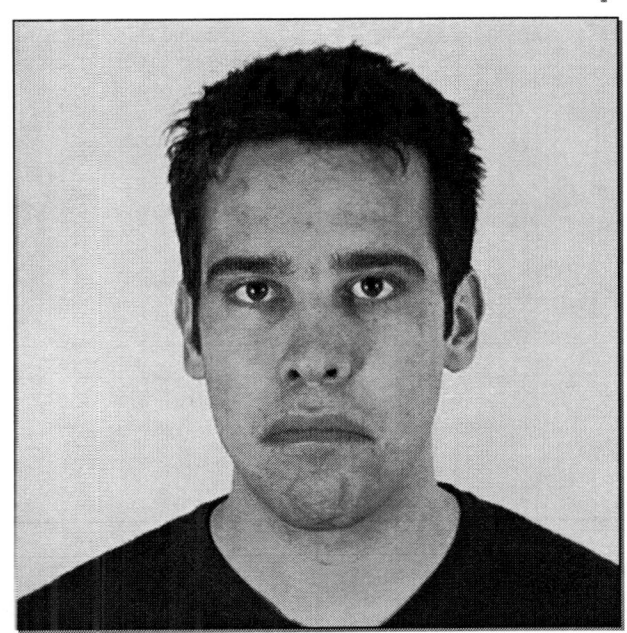

Beide Mundwinkel werden kurz nach unten gezogen.

2.1.5 Die Zunge herausstrecken

Der Gesprächspartner, dem die Zunge herausgestreckt wird, wird von seinem Gegenüber beleidigt und nicht geachtet.

Zum Sprechenden hin ist diese Körperhaltung als sehr negativ zu bewerten. Möglicherweise hilft ein klärendes Gespräch in der Pause. Manchmal wird es auch als „spaßige" Geste eingesetzt. Aber Achtung: Gegen Sprechenden eingesetzt, wird hier an der natürlichen Autorität gerüttelt!

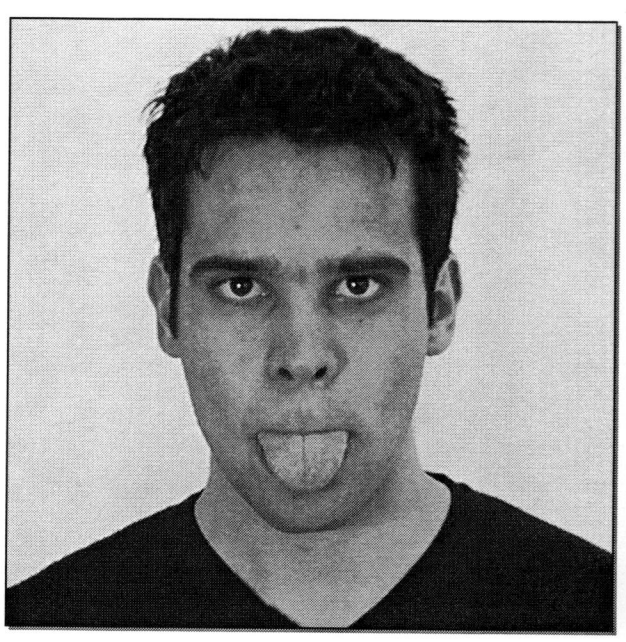

Die Zunge wird dem
Gesprächspartner herausgestreckt.

2.1.6 Die Zunge zur Seite herausstrecken

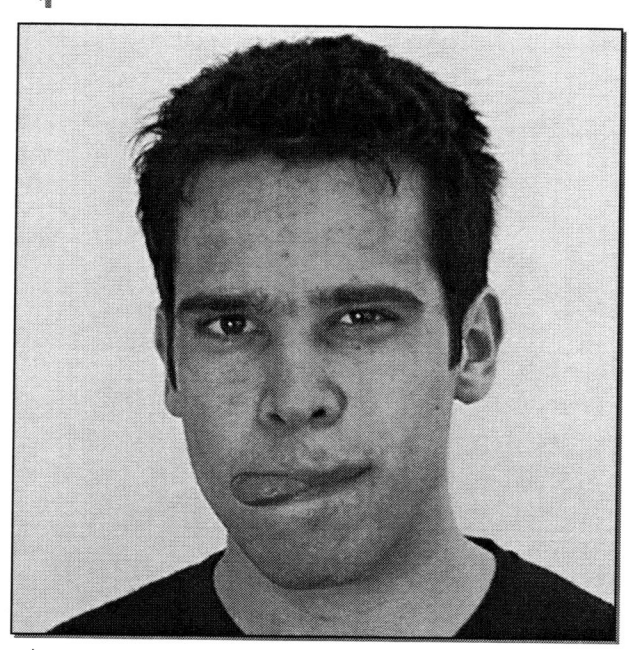

Diese Geste ist manchmal dann zu sehen, wenn die betroffene Person angestrengt nachdenkend über einer Aufgabe sitzt.

Die Zunge wird zur
Mundseite herausgestreckt.

2.1.7 Die Zunge hin und her bewegen

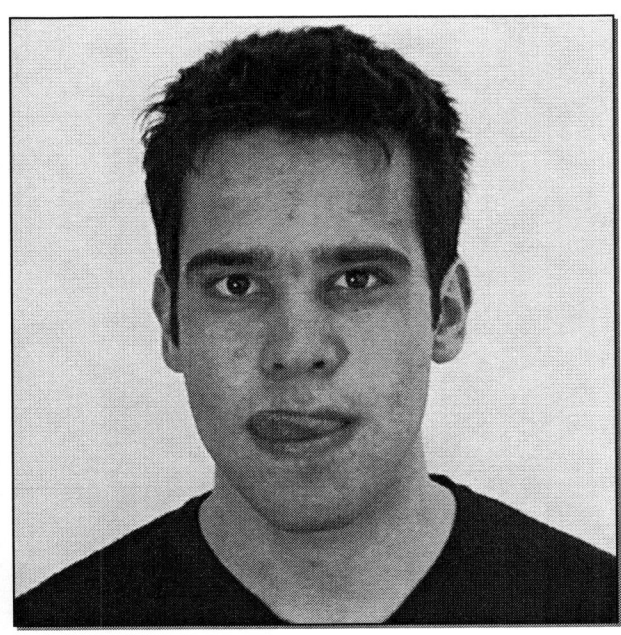

Die trockenen Lippen werden befeuchtet. „Hm, der/die/das gefällt mir."

Diese Bewegung mit den Lippen wird oftmals mit sexuellem Gedanken verbunden.

Mit der Zunge wird ein- oder mehrmals über die Lippen gefahren.

2.1.8 Den Mund öffnen

Hier wird Sprachlosigkeit demonstriert. „Ich weiß nicht, was ich dazu sagen soll." Die Person zeigt Erstaunen über das, was gerade gesagt oder getan wurde.

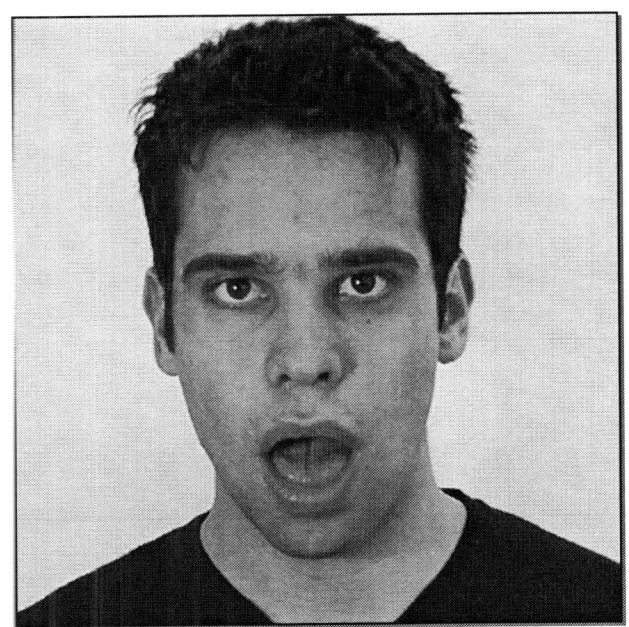

Der Mund wird geöffnet und bleibt einige Zeit unbewegt.

2.1.9 Immer leiser und langsamer sprechen

Die Person wird, während sie spricht immer leiser und langsamer. Sie zeigt damit, dass sie ihrer Sache nicht ganz so sicher ist, wie sie es zu Beginn ihrer Rede war.

Sie zeigt damit Schwäche und Unsicherheit.

Es wird immer langsamer und leiser gesprochen.

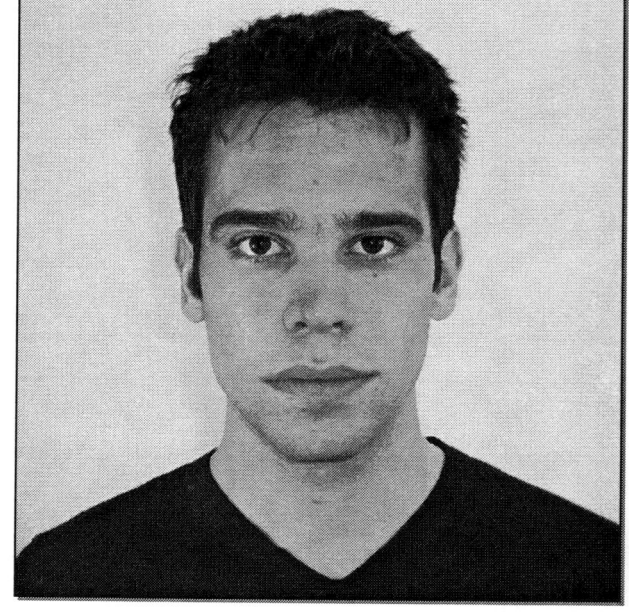

2.1.10 Die Lippen zusammenpressen

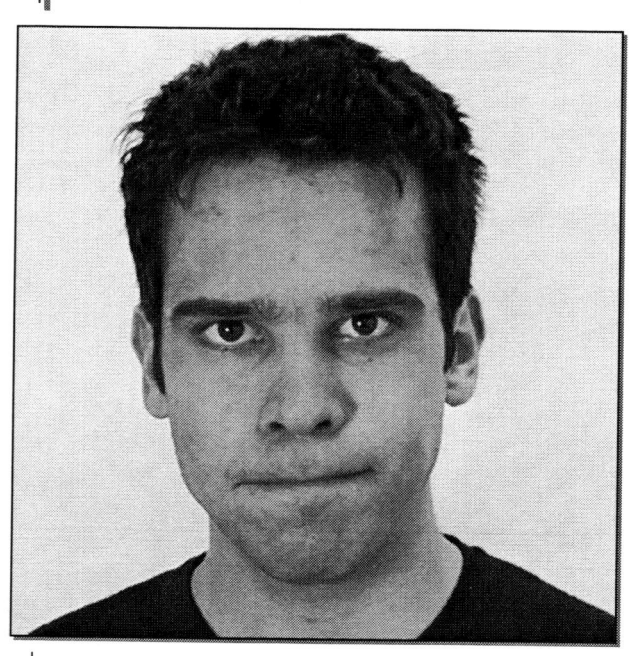

Die Person will und kann nichts sagen. Sie presst die Lippen zusammen, damit ja kein unbedachtes Wort „herausrutscht".

Extrem gedeutet: Zorn wird zurückgehalten. Die Person ist starrsinnig und lässt sich kaum überzeugen.

Diese Haltung ist für ein Gespräch negativ, da offensichtlich Aggressionen beim Zuhörer vorliegen. Die Situation sollte vom Sprechenden geklärt werden.

Die Lippen werden zusammengepresst.

2.1.11 Auf die Lippen beißen

Die Person hält die Lippen geschlossen, um Zeit zu gewinnen. Sie ist nachdenklich, aber auch unsicher. Damit sie nichts sagen „muss", beißt sie sich auf die Lippen.

Von innen wird auf die zusammengelegten Lippen gebissen.

2.1.12 Die Lippen berühren

Die Person zeigt auf ihren Mund. Sie bringt damit zum Ausdruck: „Ich will mit Dir sprechen", oder „Kann ich mal mit Dir unter vier Augen sprechen?"

Mit dem Zeigefinger einer Hand wird mehrmals auf die untere Lippe getippt.

2.1.13 Die Oberlippe hochziehen

Wenn die Lippe so hochgezogen wird, sind die Zähne sichtbar. Das kann als Drohung und Stärke gedeutet werden.

Hier wird dem anderen gegenüber Verachtung gezeigt.

Dieses Verhalten ist schlecht für ein Gespräch, da hier offensichtlich das Zusammengehörigkeitsgefühl nicht optimal entwickelt ist.

Die Oberlippe wird nach oben gezogen.

2.1.14 Die Unterlippe hochziehen

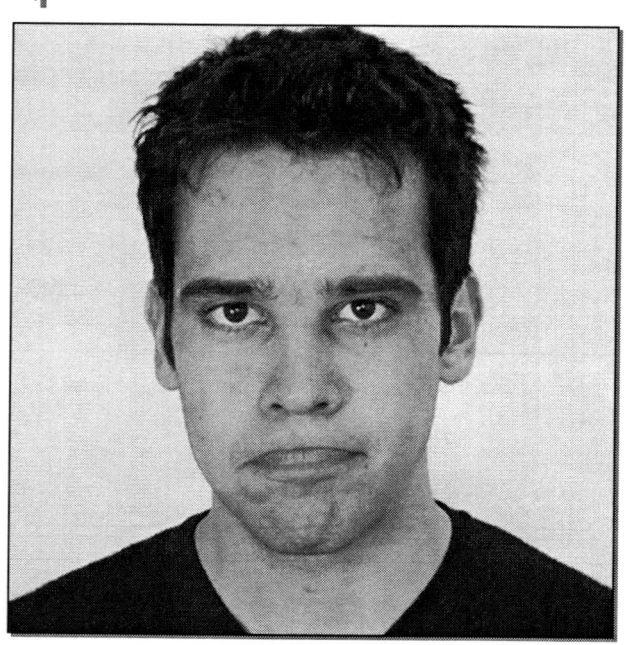

Hier wird der Mund verschlossen. Die Person will nicht „aus Versehen" etwas Falsches sagen.

Diese Geste drückt Zweifel am Gesagten oder Geschehenen aus.

Die Unterlippe wird über die Oberlippe nach oben gezogen.

2.1.15 Die Hand vor den Mund halten

Die Person ist zurückhaltend, vielleicht etwas gehemmt. Sie könnte einen Beitrag leisten, traut sich aber nicht so recht.

Der Sprechende könnte diese Person direkt auffordern, ihre Meinung zur Diskussion beizutragen.

Eine Hand wird quer vor den Mund gehalten. Die Fingerspitzen laufen parallel zu den Lippen. Der Daumen kann nach oben abstehen.

2.1.16 Die Mundwinkel hochziehen

Hier werden die Zähne der Person sichtbar. Sie zeigt uns, wie stark sie ist, und dass sie bereit ist, anzugreifen und zuzubeißen. Offensichtlich fühlt sie sich niveaumäßig dem Gesprächspartner überlegen.

Sie macht sich lustig, ja, sogar lächerlich über den Gesprächspartner.

Beide Mundwinkel werden weit nach oben gezogen. Der Mund wird etwas geöffnet und die Zähne werden sichtbar.

2.2.1 Die Augen reiben

Der Zuhörer zeigt Müdigkeit, eventuell hervorgerufen durch Desinteresse oder Überforderung.

Der Sprechende sollte erwägen, ein anderes Thema anzuschneiden, eine Pause einzulegen, oder die betroffene Person in eine aktive Phase einzubeziehen.

Der Finger einer Hand reibt das geschlossene Lid eines Auges.

2.2.2 Die Augen weit aufreißen

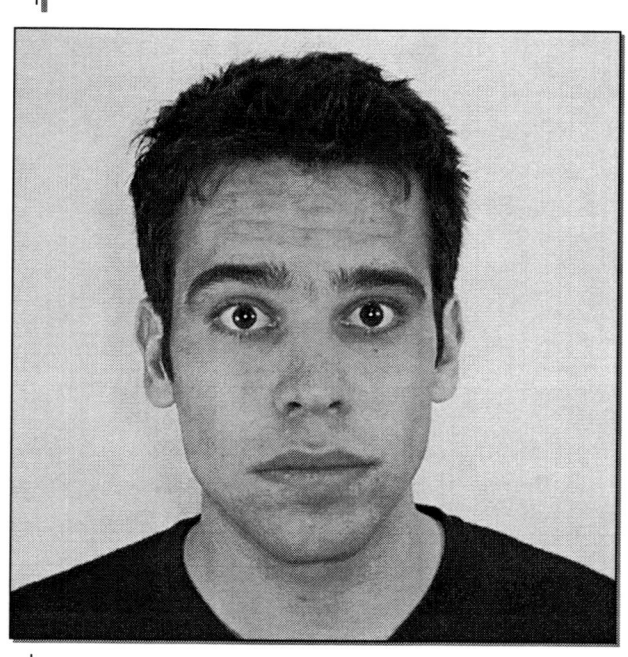

Die Person zeigt Ungläubigkeit. „Ist das wirklich wahr?" Oder: „Das kann ich mir gar nicht vorstellen."

Der Sprechende kann das besprochene Thema von einer anderen Seite beleuchten und/oder noch anschaulicher darstellen.

Beide Augen sind weit aufgerissen und die Augenbrauen nach oben gezogen.

2.2.3 Die Augen zusammenkneifen

Der Zuhörer zeigt Ungläubigkeit: „Na, ob das wirklich stimmt, was der uns da erzählt?" Auch ist es möglich, dass der Zuhörer durch Lichteinwirkung geblendet wird.

Im zweiten Fall die Lichtquelle ändern, oder die Zuhörer umsetzen lassen.

Beide Augen werden zu schmalen Schlitzen zusammengepresst.

2.2.4 Die Augen schauen nach links oben

Ein Rechtshänder sucht nach Erinnerungen in der linken Hirnhälfte. Gesucht wird, was tatsächlich abgespeichert wurde. Es kann davon ausgegangen werden, dass das Gefundene der Wahrheit entspricht, oder etwas ist, das als „wahr" abgespeichert wurde.

Bei Linkshändern gilt das Gesagte „spiegelverkehrt".

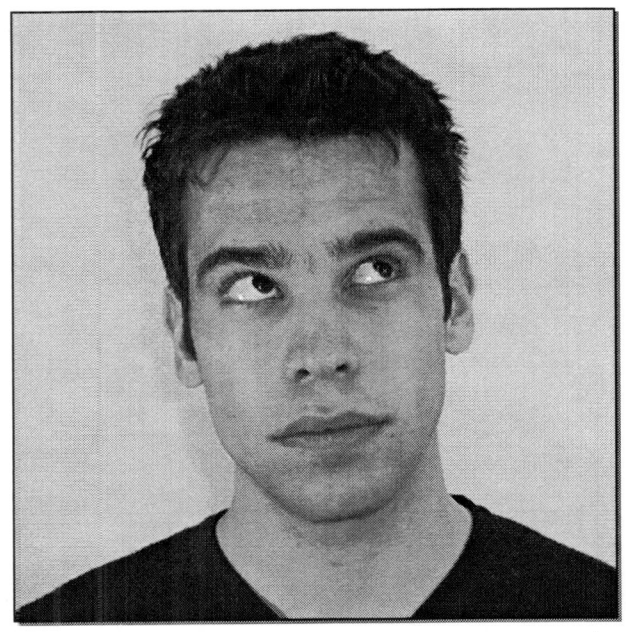

Beide Augen zeigen aus Sicht des Betroffenen nach links oben.

2.2.5 Die Augen schauen nach rechts oben

Ein Rechtshänder sucht nach Erinnerungen in der rechten Hirnhälfte. Gesucht wird, was „phantastisch" erscheint.

Diese Augenbewegung kann dann beobachtet werden, wenn die Person eine erfundene Geschichte erzählen soll, oder der Sprechende eine Tatsache bildhaft macht und dabei sagt: „Stellen Sie sich einmal vor ..."

Bei Linkshändern gilt das Gesagte „spiegelverkehrt".

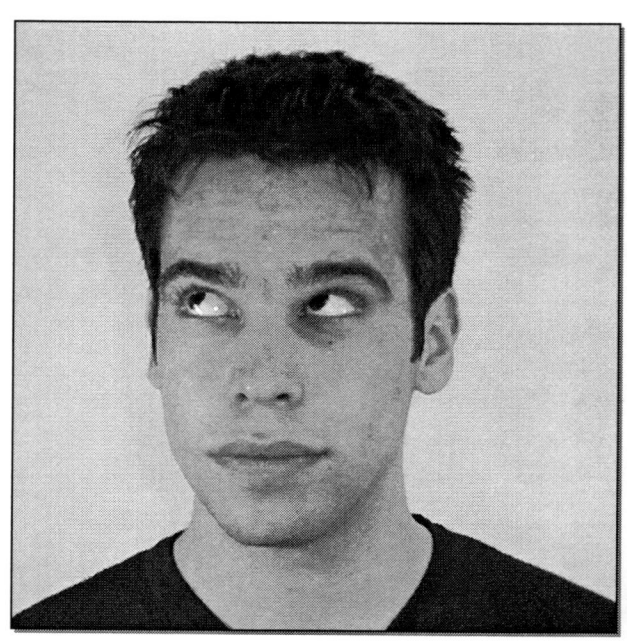

Beide Augen zeigen aus Sicht des Betroffenen nach rechts oben.

2.2.6 Die Augen schauen nach links

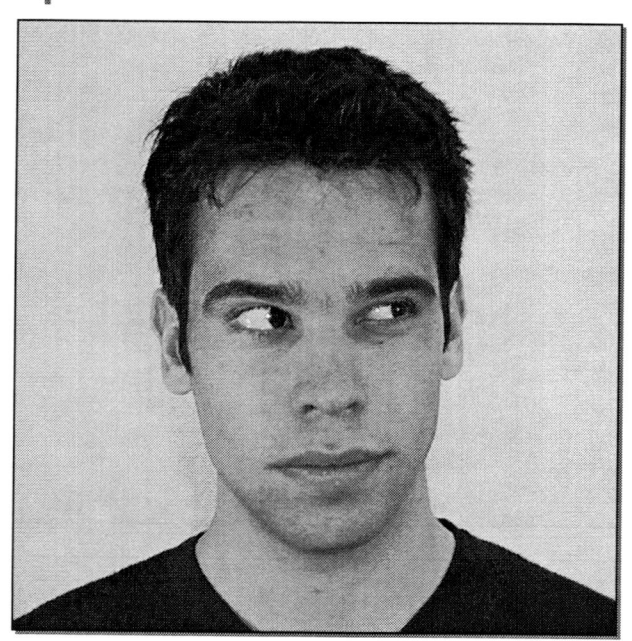

Ein Rechtshänder sucht nach Erinnerungen in der linken Hirnhälfte. Gesucht wird speziell nach gespeicherten Tönen, Lauten und Geräuschen.

Bei Linkshändern gilt das Gesagte „spiegelverkehrt".

Beide Augen zeigen aus Sicht des Betroffenen waagrecht nach links außen.

2.2.7 Die Augen schauen nach links unten

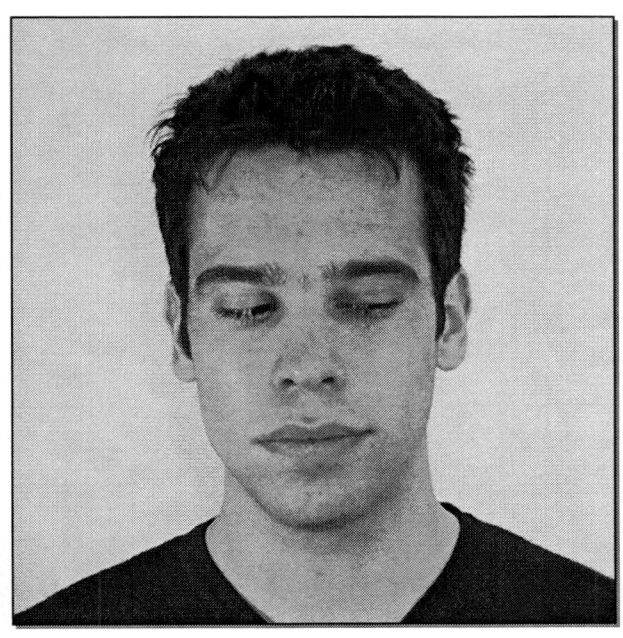

Ein Rechtshänder sucht nach Erinnerungen in der linken Hirnhälfte. Gesucht wird speziell nach gespeicherten Gerüchen.

Bei Linkshändern gilt das Gesagte „spiegelverkehrt".

Beide Augen zeigen aus Sicht des Betroffenen nach links unten.

2.2.8 Die Augen wischen

Die Person zeigt ein Gefühl der Traurigkeit. „Schade, dass ..."

Diese Geste ist etwas kindisch dargestellt. Die Person möchte gerne liebkost und/oder bedauert werden. Sie sucht Nähe.

Beide Augen sind geschlossen. Mit einem Finger wird auf ein geschlossenes Lid gefasst.

2.2.9 Mit einem Auge zwinkern

Die Person zeigt seinem Gegenüber heimlich, dass sie mit ihm einer Meinung ist: „Na, wir verstehen uns schon."

Das Zuzwinkern geschieht heimlich, so dass nur die Person, der zugezwinkert wird, dieses Zeichen erkennt.

Es wird ein geheimes Bündnis geschlossen. „Wir beide wissen etwas, was der andere nicht weiß."

Mit einem Auge wird dem Gegenüber einmal zugeblinzelt.

2.2.10 Die Augen wandern

Die Person hat zwar in der Regel ein grundsätzliches Interesse am Thema, traut sich aber nicht, dem Gegenüber offen in die Augen zu sehen. Das verrät Unruhe und Unsicherheit.

Möglicherweise gibt es etwas beim gerade besprochenen Thema, worüber die Person nicht sprechen möchte.

Beide Augen wandern unruhig im Raumhintergrund umher.

2.2.11 Die Augen zeigen zum Himmel

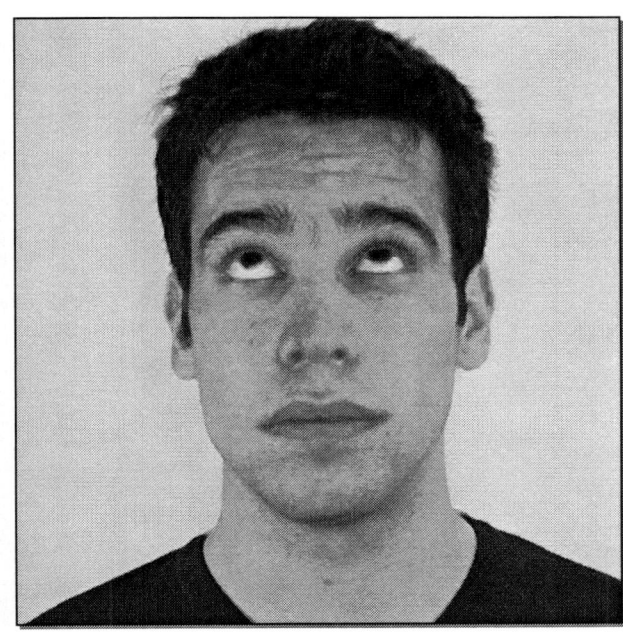

Die Person sucht Hilfe bei Höherem. „Gott, steh mir bei!"

Dieser Blick kann aber auch bedeuten, dass sich der Zuhörer über den Beitrag eines anderen lustig macht: „Ach Du lieber Himmel, was sagt der denn nun schon wieder?"

Beide Augen zeigen in der Mitte des Augapfels nach oben.

2.2.12 Mit den Augen klimpern

Da die Augen nach unten schauen, kann hier von einer Demutshaltung ausgegangen werden. Die Person „unterwirft" sich ihrem Gegenüber.

Durch das Augenklimpern wird diese Aussage noch verstärkt. Es wird Unsicherheit gezeigt. „Ich bin unschuldig, bitte tue mir nichts."

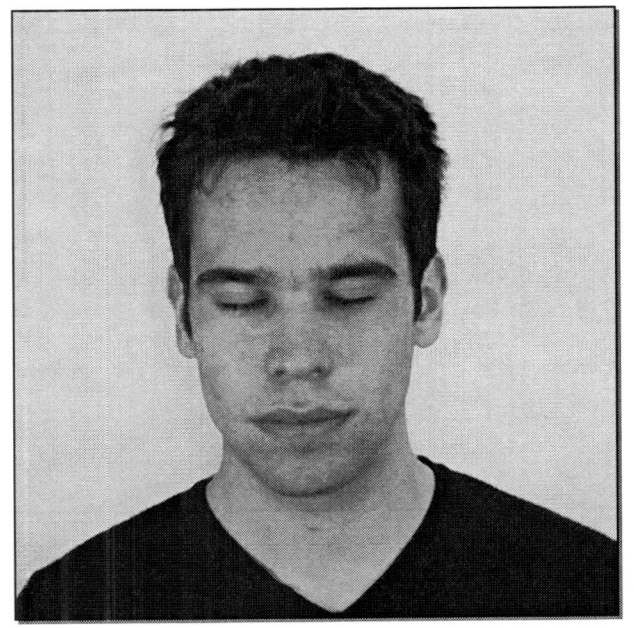

Mit beiden Augenlidern wird geklimpert, wobei die Augen nach unten schauen.

2.2.13 Die Augen-Brille

Die zu Ringen geformten Daumen und Zeigefinger beider Hände sollen ein Fernglas darstellen. Die Person will zeigen, dass sie jemanden in der Ferne ansieht.

Sie kann damit aber auch demonstrieren, dass das an der Pinwand oder Flipchart Geschriebene zu klein erscheint.

Der Sprechende sollte nachfragen, ob er anders schreiben soll, oder ob die Person sich umsetzen möchte.

Daumen und Zeigefinger einer jeden Hand werden zu je einem Ring geformt. Beide Ringe werden vor die Augen gehalten.

2.2.14 Die Augen schließen und die Augenbrauen hochziehen

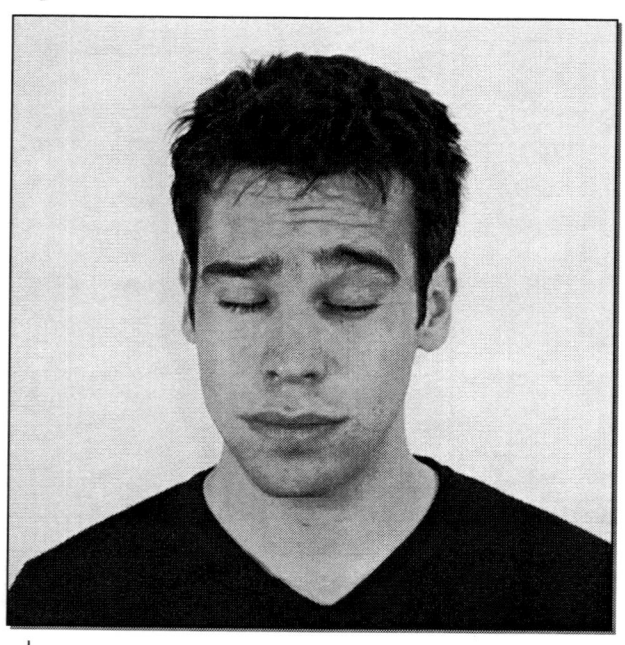

Hier wird ein arroganter, hochnäsiger, snobistischer Gesichtsausdruck gezeigt. Die Person macht deutlich, dass sie weit über dem Besprochenen steht und mit der Sache nichts zu tun haben möchte.

Als Sprechender sollte geklärt werden, ob die besprochenen Themen mit der Zielsetzung der betroffenen Person übereinstimmen.

Beide Augen werden geschlossen. Die Augenbrauen werden weit nach oben gezogen.

2.2.15 Die Augen zur Seite wenden

Die Person zeigt eine leichte Demutshaltung, die dadurch verstärkt wird, dass sich der Kopf gleichzeitig auch noch nach unten senkt. Die Person zeigt, dass sie dem Gegenüber nicht in die Augen schauen kann. Sie zeigt Schüchternheit, Demut, Scheu.

Als Sprechender sollte dafür gesorgt werden, dass eine stressfreie und entspannte Atmosphäre entsteht, um optimaler mit dieser Person und auch den anderen Gesprächspartnern arbeiten zu können.

Die Augen schauen zur Seite, wobei sich der Kopf ebenso zur Seite dreht.

2.2.16 Die Augen starren

Die Person zeigt durch diesen starren Augenausdruck, dass sie sich vom Gegenüber nicht einschüchtern lässt. Sie demonstriert Stärke, ja droht gegebenenfalls.

Derjenige Gesprächspartner, der als erster zur Seite schaut, „hat verloren", bezieht also die schwächere Position.

Beide Augen starren – möglichst ohne mit den Wimpern zu zucken – das Gegenüber an.

2.2.17 Eine Augenbraue hochziehen

Die betroffene Person zeigt Skepsis gegenüber den Ausführungen des Sprechenden oder eines Zuhörers.

Als Sprechender darauf vorbereitet sein, dass in relativ kurzer Zeit ein verbaler „Angriff" folgen wird. „Also, ich sehe das ganz anders." Oder „Was Sie da sagen, habe ich aber ganz anders gehört."

Eine Augenbraue wird hochgezogen.

2.2.18 Beide Augenbrauen hochziehen

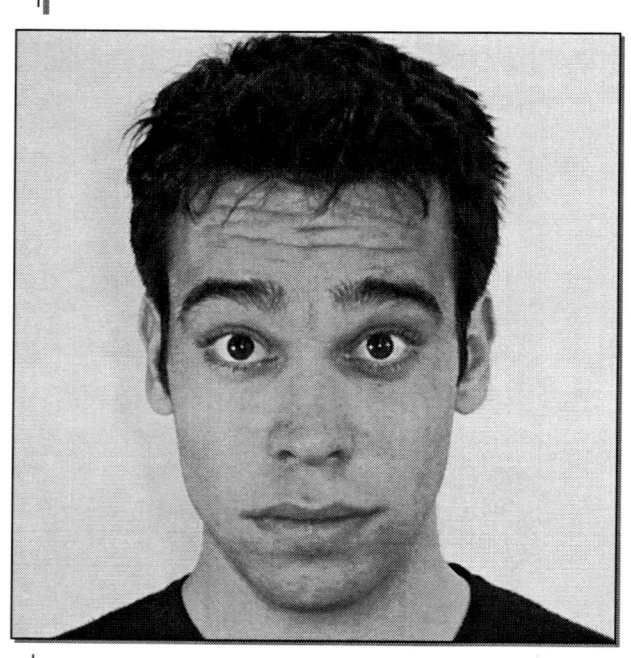

Das kurze Hochziehen der Augenbrauen erweitert künstlich das Augenumfeld. Die Person erkennt eine andere Person und begrüßt sie so non-verbal. Gegebenenfalls wird das Augenbrauen-Hochziehen durch ein kurzes Kinn-Hochziehen unterstützt.

Beide Augenbrauen werden
kurz hochgezogen.

2.2.19 Die Augenbrauen zusammenziehen

Der Zuhörer zeigt Kummer und Besorgnis: „Ich weiß nicht recht ..."

Als Sprechender können Sie gegebenenfalls Hilfestellung im Rahmen ihrer Möglichkeiten geben.

Vielleicht wird durch das Zusammenziehen der Augenbrauen auch gezeigt, dass der Betroffenen Probleme mit der Arbeitswelt oder mit seinem Leben hat.

Die Augenbrauen werden zusammengezogen.

2.2.20 Das Augenlid herunterziehen

Die Person macht deutlich, dass sie das Gesagte als „geschwindelt" oder als „ironisch gemeint" erkannt hat. Das Herunterziehen des Augenlides kann in etwa so übersetzt werden: „Mir kannst Du nichts vormachen, Du Schlingel."

Mit einem Zeigefinger wird ein Augenlid heruntergezogen und kurze Zeit festgehalten.

2.2.21 Die Pupillen weiten sich

Die Person mag das oder denjenigen, den sie sieht, besonders gerne. Der Sprechende kann diese Reaktion – sofern sie beobachtet wird – als sehr positiv bewerten. Die betroffene Person steht sehr positiv zur Sache oder zum Sprechenden.

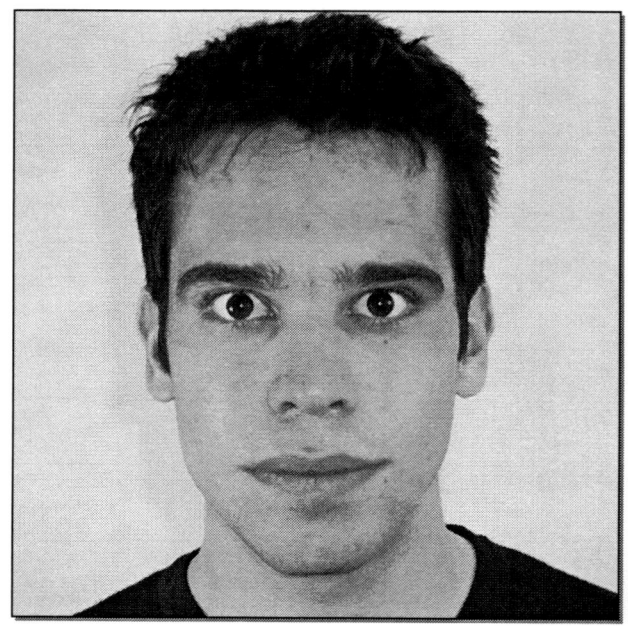

Beide Pupillen weiten sich bei unveränderten Lichtverhältnissen.

2.2.22 Die Augenbrauen heben

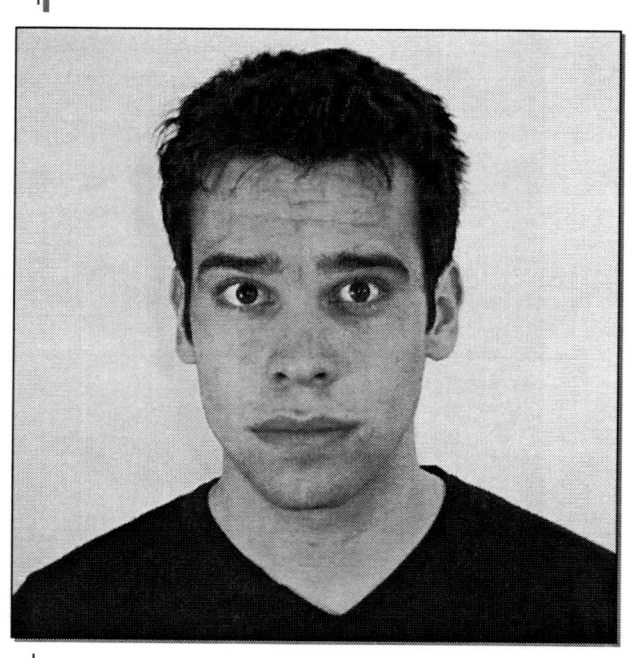

Die Person zeigt, dass ihr das, was sie sieht, sehr gefällt. Zu beobachten ist dieser Ausdruck zum Beispiel, wenn schmackhaftes Essen aufgetragen wird.

Dieses Signal wird auch zwischen zwei Zuhörern gleichen Geschlechts ausgetauscht, wenn sie eine – nach ihrer Meinung – besonders hübsche Person des anderen Geschlechts ausmachen.

Die Augenbrauen werden mehrmals hintereinander hochgezogen

2.2.23 Durch das Gegenüber hindurchsehen

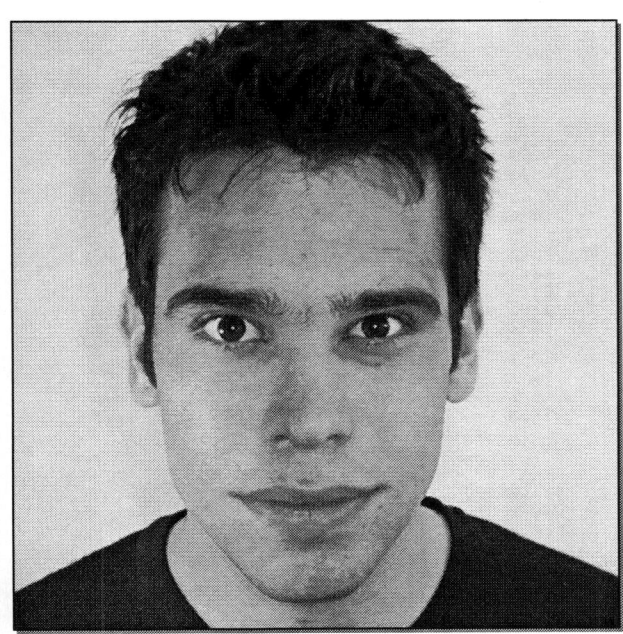

Die Person ist geistesabwesend. Sie will zwar zeigen, dass sie bei der Sache ist, aber in Wirklichkeit ist sie mit den Gedanken woanders.

Der Sprechende kann die betroffene Person durch direktes Ansprechen in die Realität „zurückholen".

Mit beiden Augen den anderen scheinbar anschauen, tatsächlich aber durch ihn „hindurchschauen".

2.2.24 Mit geradem Blick anschauen

Ein offener Informationsaustausch ist möglich. Der Zuhörer schaut das Gegenüber interessiert und aufmerksam an und hört entsprechend aufmerksam zu.

Dies ist ein positives Zeichen für ein Gespräch.

Beide Augen schauen das Gegenüber direkt an.

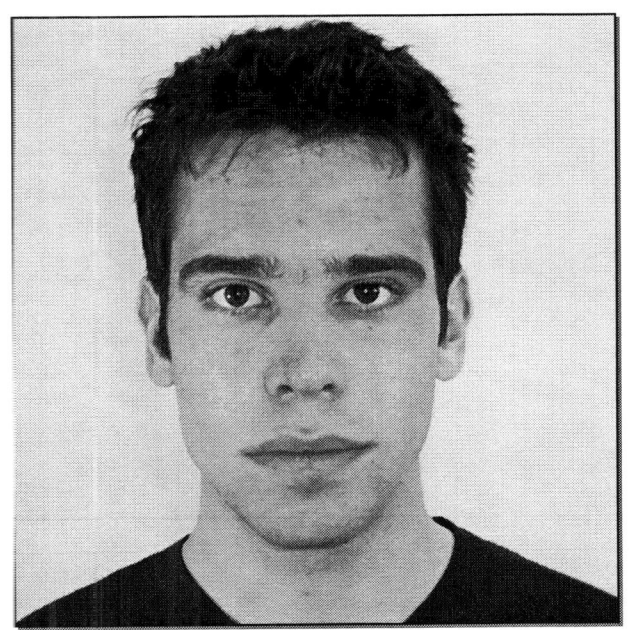

2.2.25 Keinen Blickkontakt halten

Die Person fühlt sich unwohl und kann dem Gesprächspartner nicht in die Augen sehen. Möglicherweise hat sie etwas zu verbergen. Um sinnvoll miteinander sprechen zu können, sollte eine angenehme Atmosphäre geschaffen werden.

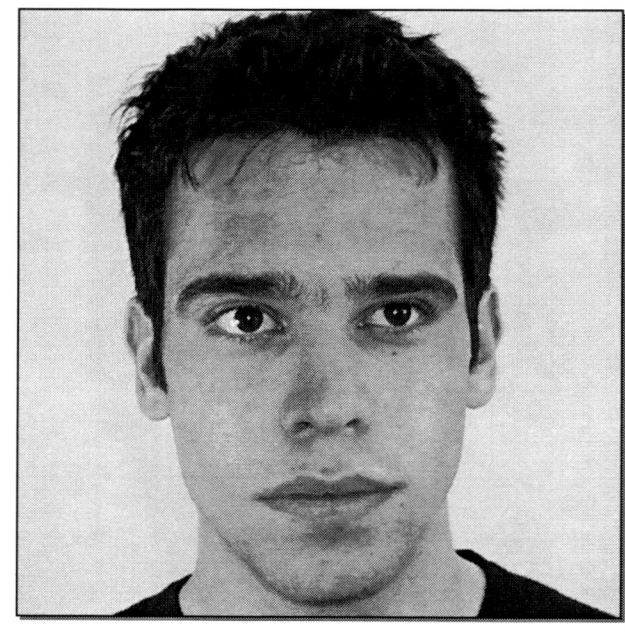

Beide Augen schauen am Gegenüber vorbei.

2.2.26 Die Lider zittern

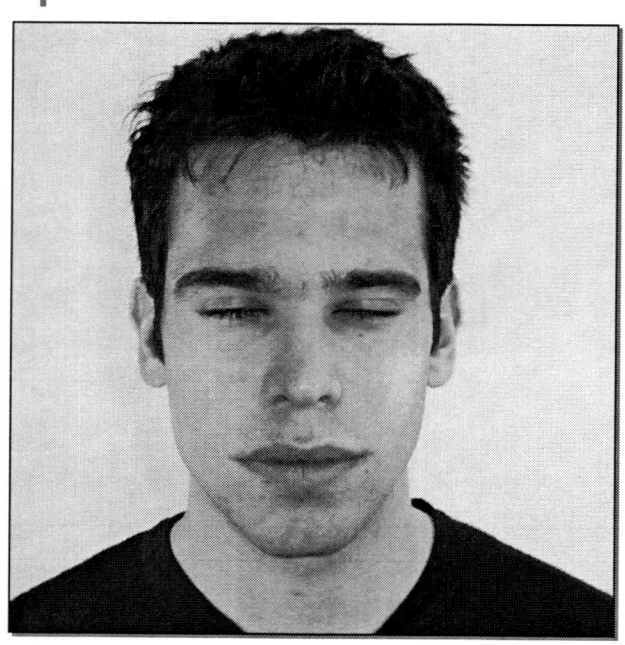

Das Zittern der Lider zeigt eine gewisse Anspannung und Nervosität. Die betroffene Person fühlt sich in der augenblicklichen Lage nicht sehr wohl.

Als Sprechender sollten Sie für eine entspannte Atmosphäre sorgen.

Beide Lider zittern.

2.2.27 Die Brille hochschieben

Die Person ist etwas nervös. Sie fängt möglicherweise an zu schwitzen, was ein Rutschen der Brille zur Folge haben kann. Vielleicht hat sie auch etwas zu verbergen.

Die Brille wird mit einem Zeigefinger nach oben geschoben.

2.2.28 Hastig die Brille abnehmen

Durch das Abnehmen der Brille wird – zumindest kurzzeitig – der Augenkontakt zum Gesprächspartner unterbrochen. Das bedeutet, dass die Person offensichtlich hier etwas zu verbergen hat, oder vielleicht mit ihrer Aussage nicht ganz bei der Wahrheit bleibt.

Die Brille wird hastig mit einer Hand abgenommen.

2.3.1 Aufgesetztes Lächeln

Grundsätzlich wirkt ein Lächeln positiv und entwaffnend. Jedoch kann durch das Hochziehen der Mundwinkel ein Lächeln lediglich aufgesetzt wirken, wenn um die Augen herum keine Lachfältchen entstehen (vgl. 2.1.1). Dieses Lächeln soll dem Sprechenden aber grundsätzlich Nähe und Zustimmung zeigen. Wird beim aufgesetzten Lächeln der Kopf leicht hin und her bewegt, so werden hier Zweifel angedeutet.

Die Mundwinkel werden nach oben gezogen.

2.3.2 Den Kopf ruckartig zurückziehen

Durch das Zurückwerfen des Kopfes wird die Distanz zwischen zwei Personen vergrößert. Diese Distanzerweiterung zeigt Zweifel und Misstrauen zum eben Gesagten an. Die Person kann dem Gesagten keinen oder nur wenig Glauben schenken. In einer Diskussion kann diese Kopfbewegung als grundsätzliche Ablehnung, ja sogar als Trotz, gedeutet werden.

Der Kopf wird ruckartig
nach hinten zurückgeworfen.

2.3.3 Den Kopf zwischen die Schultern ziehen

Die Person macht sich kleiner, als sie ist. Sie will nicht gesehen werden. „Den Kopf einziehen" kann übersetzt werden mit: „Bitte, schlage mich nicht, ich bin doch noch so klein". Mit dieser Körperhaltung wird Angst, Nervosität, innere Spannung, Verkrampfung angezeigt.

Für den Sprechenden gilt: Entspannte und angstfreie Atmosphäre schaffen.

Die Schultern werden nach oben gezogen, der Kopf leicht nach unten gedrückt.

2.3.4 Den Nacken umklammern

Der Arm wird hochgenommen, weil die Person dem Gegenüber einen Schlag versetzen

möchte. Dieses wird sie aber in einer vernünftigen Gesprächsrunde nicht tun. Deshalb wandert die Hand weiter in den Nacken und hält sich dort fest. Meist wird gleichzeitig der Kopf etwas nach hinten genommen. Das bedeutet: Es wird eine Distanz zum Gegenüber aufgebaut. Die Brust wird ebenso möglicherweise gleichzeitig nach vorn gedrückt, was Stärke demonstriert. Die Person ist also mit dem Gesagten oder dem Verhalten ihres Gegenübers nicht ganz einverstanden.

Der Nacken wird von hinten mit einer Hand umklammert.

2.3.5 Den Bart streicheln

Diese Handbewegung löst in der betroffenen Person offenbar Ruhe und Entspannung aus. Sie ist in Gedanken vertieft, die allerdings nicht unbedingt mit dem Thema zu tun haben müssen.

Eine Hand fährt mehrmals langsam durch den vorhandenen oder gedachten Bart.

2.3.6 Den Bart wachsen lassen

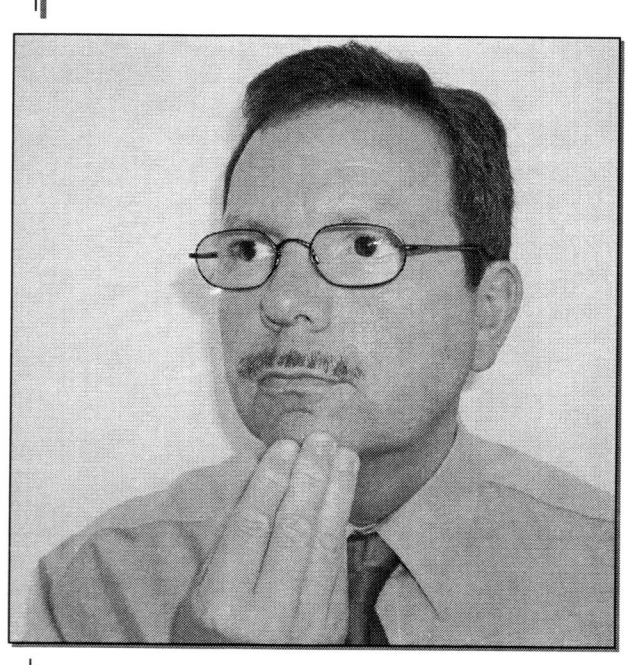

Die Person zeigt, dass sie sich einen langen Bart wachsen lässt. Das benötigt natürlich Zeit. Und diese Zeit steht ihr zur Verfügung, weil das augenblickliche Vorgehen im Gespräch für sie langweilig ist.

Für den Sprechenden ist dies ein sehr deutlicher Hinweis auf die Qualität seines Vortrages. Er sollte schnellstmöglich eine aktivere Phase einlegen oder das Thema spannender gestalten.

Mit der Hand wird an einem – nicht vorhandenen – langen Bart nach unten gefahren.

2.3.7 Das Gesicht bedecken

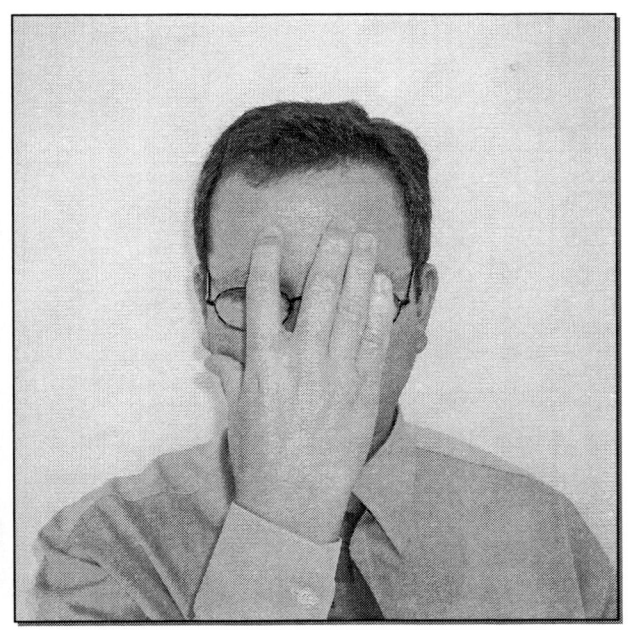

Die Person ist über das Gehörte oder Gesehene entsetzt und bedeckt durch diese Körperhaltung gleichzeitig drei wichtige Sinne: Den Mund – so kann sie nichts dazu sagen; weder schimpfen, noch ihren Unmut äußern. Die Nase – so kann sie ihr Gegenüber nicht mehr „riechen", also keine weiteren Informationen oder den Geruch aufnehmen. Die Augen (zumindest andeutungsweise) – so kann sie das Gegenüber nicht mehr sehen, muss sich also nicht mit ansehen, wie weiter verfahren wird.

Die Hand wird – mit aneinanderliegenden - Fingern von unten vor das Gesicht gehalten. Dabei werden Nase und Kinn berührt.

2.3.8 Mit dem Arm am Gesicht vorbeifahren

Die Hand fängt eine imaginäre Mücke oder etwas anderes, nicht vorhandenes ein. Mit dieser Geste soll über eine dritte Person ausgesagt werden, dass sie nicht ganz bei Sinnen sei. „Der/Die hat sie nicht alle." Ein negatives Zeichen im Gespräch, da offensichtlich kein optimales Gruppen-Zusammengehörigkeits-Gefühl vorhanden ist.

Mit der nach oben zeigenden Hand (Handkante zum Gegenüber) wird einmal am eigenen Gesicht vorbeigefahren. Dann werden die Finger geschlossen, als wäre etwas gefangen worden.

2.3.9 Mit dem Zeigefinger den Kragen lockern

Dies ist ein leichtes, oft unbewusstes Ablenkungsmanöver. Es zeigt Überheblichkeit, Arroganz oder Stolz. Es kann auch eine versteckte Nervosität vorhanden sein.

Als Sprechender versuchen, die betroffene Person als „normalen, vollwertigen Menschen" zu behandeln.

Ein Zeigefinger fährt in den Hemdkragen und zupft diesen leicht nach außen.

2.3.10 Mit dem Zeigefinger die Wange anbohren

Der Zeigefinger wird nicht an die Schläfe genommen, sondern „aus Sicherheitsgründen" etwas tiefer an der Wange angesetzt. Diese Geste heißt: „Du hast sie nicht alle; Du spinnst."

Mit dem Zeigefinger wird eine Wange in der Mitte berührt. Dort wird die Fingerspitze einige Male hin und her gedreht.

2.3.11 Die linke Wange aufstützen

Die Person hört sich das Gesagte aufmerksam an und versucht gleichzeitig, die Informationen sachlich, logisch und kritisch zu verarbeiten (linke Gehirnhälfte).

(Gilt für Rechtshänder – bei Linkshändern gilt Körperhaltung 2.3.12.)

Die linke Wange wird auf die Hand aufgestützt. Der Kopf zeigt leicht nach links.

2.3.12 Die rechte Wange aufstützen

Die Person hört sich das Gesagte aufmerksam an und versucht gleichzeitig, die Informationen bildlich zu verarbeiten. Sie ist bereit, sich „beeinflussen", d.h. führen zu lassen (rechte Gehirnhälfte).

(Gilt für Rechtshänder – bei Linkshändern gilt Körperhaltung 2.3.11.)

Die rechte Wange wird auf die Hand aufgestützt. Der Kopf zeigt leicht nach rechts.

2.3.13 Auf die Wange schlagen

„Ach, was bin ich dumm", sagt diese Geste aus. Als „Bestrafung" gibt es den kleinen Klaps auf die Wange.

Mit den Fingern der flach ausgestreckten Hand einen leichten Klaps auf die eigene Wange geben.

2.3.14 Einen Mundwinkel verziehen

Hier wird Sarkasmus ausgedrückt. Scheinbar ein Lächeln – in Wirklichkeit aber eine Überheblichkeit, eine Hohn ausdrückende Geste.

Ein Mundwinkel wird deutlich nach oben gezogen.

2.3.15 Die Wange aufblasen

Eine aufgeblasene Wange:
„Pah, was sagst Du da ... ", sagt diese Geste aus.

Zwei aufgeblasene Wangen:
„Ist der/die/das dick ... "
oder
„Puh, ich kann nicht mehr. Ich bin satt. "

Eine oder beide Wangen werden aufgeblasen.

2.3.16 Den Nacken massieren

Der Nacken wird gestärkt. Die Person will sich stark machen, will sich Mut schaffen. Eine verstärkte Nervosität ist vorhanden, die so abgebaut werden soll. Mit einem Einwand ist zu rechnen.

Vielleicht ist die Person auch nur müde vom langen Sitzen. In diesem Fall ist eine Unterbrechung der Sitzung für eine Pause überlegenswert.

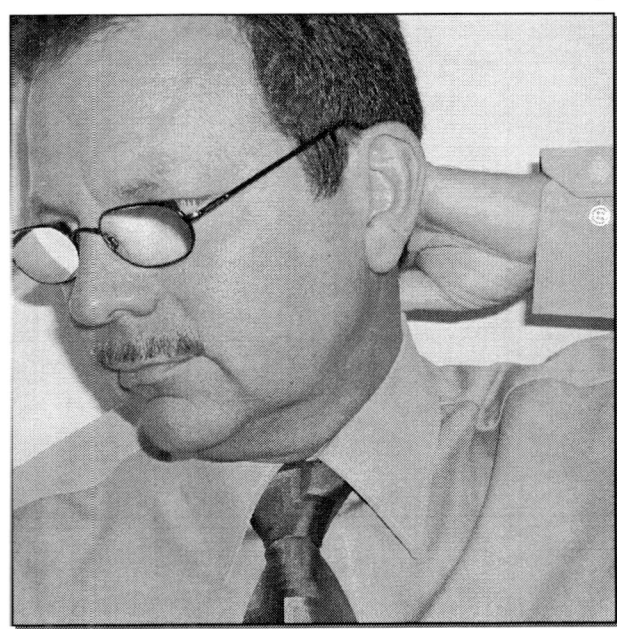

Eine Hand massiert den Nacken.

2.3.17 Mit der Hand in den Hemdkragen fahren

Der Person wird es warm. Sie fühlt sich durch den eng anliegenden Hemdkragen eingeengt. Durch diese Geste versucht sie, sich von dem vom Gegenüber ausgeübten Druck freizumachen.

Die vier Finger einer Hand greifen in den Hemdkragen und fahren dort entlang.

2.3.18 Am Kopf kratzen

Die Person ist etwas nervös, vielleicht wurde sie gerade bei einer Tätigkeit oder Aussage ertappt, die nicht so hundertprozentig ist. Der Arm wird zur Abwehr erhoben (vielleicht zum angedeuteten Zuschlagen), dann aber auf den Kopf gelenkt. Aus Verlegenheit wird daraufhin die Kopfhaut gekratzt.

Mit einer Hand den Kopf kratzen

2.3.19 Den Kopf hin und her wiegen

„Also, weißt Du, an dem, was Du da gerade gesagt hast, habe ich so meine Zweifel." Die Person ist mit dem Gesagten oder Ausgeführten nicht ganz einverstanden und hat ihre Bedenken.

Der Sprechende sollte den Zuhörer beobachten und ihn eventuell durch eine Rückfrage verbal in seine Ausführungen einbeziehen.

Den Kopf leicht nach links und rechts wiegen.

2.3.20 Mit dem Kopf nicken

Die Person zeigt durch Kopfnicken ihre Zustimmung.

Diese Geste ist für den Gesprächsablauf positiv und wichtig. Speziell zu Beginn eines Gesprächs kann der Sprechende sein eigenes Lampenfieber durch solche Zustimmungen schnell abbauen

Mit dem Kopf wird einmal oder mehrmals genickt.

2.3.21 Den Kopf nach hinten ziehen

Durch das Hoch- und Wegziehen des Kopfes wird Distanz zum Gesprächspartner aufgebaut. Das zeigt, dass die Person nicht ganz mit der Aussage ihres Gesprächspartner einverstanden ist. Oft werden gleichzeitig die Augen weit aufgerissen, womit Erstaunen ausdrückt wird. Im Extremfall: „Ich kann nicht glauben, was ich soeben erfahren habe!"

Der Sprechende sollte diese Person aufmerksam im Auge behalten.

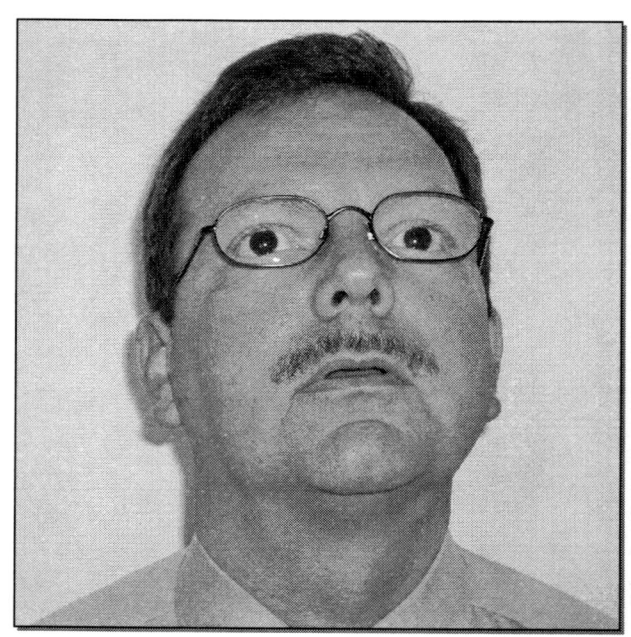

Der Kopf wird nach hinten gezogen.

2.3.22 Den Schnurrbart zwirbeln

Die Handbewegung löst in der betroffenen Person offenbar Ruhe und Entspannung aus. Sie ist nachdenklich. Gleichzeitig „macht sie sich schön", indem sie ihren Bart pflegt. Sie möchte dem Gesprächspartner gegenüber ein positives Bild abgeben.

Den Schnurrbart zwirbeln

2.3.23 Mit den Händen durch die Haare fahren

Auch bei dieser Geste erscheint der Zuhörer nachdenklich. Wie beim Zwirbeln des Schnurrbarts macht er sich auch hier schön, um dem Gesprächspartner möglichst positiv gegenüberstehen zu können und damit seine Zuneigung zu erlangen. Für den Sprechenden ist dies ein positives Zeichen, da er hier vorerst mit keiner Aggression zu rechnen hat.

Mit einer Hand wird durchs Kopfhaar gefahren.

2.3.24 Am Hals kratzen

Die Person ist etwas nervös. Sie kann das Gehörte nicht richtig einordnen. „Ich weiß nicht recht, ..."

Als Sprechender versuchen, Sicherheit zu erzeugen.

Mit einem Finger wird am Hals unterhalb des Ohrs gekratzt.

2.3.25 Den Kopf auf der Faust aufstützen

Entweder hört unsere Person aufmerksam auf das, was gesagt wird, oder das Thema ist ihr langweilig.

Der Sprechende sollte mehr Abwechslung und Spannung in seinem Gespräch erzeugen.

Der Kopf wird auf einer Faust aufgestützt. Manchmal zeigt der Zeigefinger dieser Hand nach oben und liegt auf der Wange.

2.3.26 Mit dem Kopf herbeiwinken

Mit dem Bewegen des Kopfes wird eine Richtung angezeigt. Möglicherweise können die Hände nicht eingesetzt werden, um eine Richtung anzudeuten. Diese Kopfbewegung kann demnach folgendermaßen übersetzt werden: „Komm hierher", oder „Lass uns hier entlang gehen."

Mit dem Kopf ein- oder mehrmals nach rechts oder links hinten deuten.

2.3.27 Den Kopf auf die übereinandergelegten Hände legen

Entweder hört die Person aufmerksam auf das, was gesagt wird, oder das Thema ist ihr so langweilig, dass der Kopf müde und schwer wird und deshalb aufgestützt werden muss.

Als Sprechender versuchen, mehr Abwechslung und Spannung zu erzeugen.

Das Kinn wird auf beide übereinandergelegte Hände aufgestützt.

2.3.28 Auf den Haarscheitel fassen

„Ach, wie konnte ich nur so dumm sein." Die Person schlägt sich leicht auf den Kopf und deutet damit an, etwas Unkluges getan zu haben.

Die flache Hand wird auf den Haarscheitel gelegt.

2.3.29 An den Kopf schlagen

„Ach, wie dumm von mir." „Ich könnte mich schlagen für das, was ich gerade getan habe." Die Person hat erkannt, dass sie gerade etwas – in ihren Augen – Dummes getan oder gesagt hat.

Mit den Fingern einer flachen Hand wird an den Kopf geschlagen.

2.3.30 Den Kopf schütteln

Die Person zeigt ihre Abneigung oder Missfallen an: „Nein, nein, nein ..."

Sie ist mit dem, was gerade gesagt oder getan wurde, nicht einverstanden.

Blicken die Augen beim Kopfschütteln nach unten, wird über eine dritte Person geredet. „Ich verstehe nicht, wie die/der das tun konnte."

Der Kopf wird mehrmals nach rechts und links geschüttelt.

2.4.1 Das Kinn streicheln

Die Person ist nachdenklich, hört aber gleichzeitig den Ausführungen im Gespräch zu. Sie ist selbstgefällig und fühlt sich im Grunde wohl.

Das Kinn wird mit Daumen und Zeigefinger einer Hand gestreichelt.

2.4.2 Das Kinn abstützen

Die Person zwingt sich zur Aufmerksamkeit. „Na, das will ich mir aber jetzt mal genau anhören."

Mit einem Einwand ist möglicherweise zu rechnen.

Mit den vier ausgestreckten Fingern einer Hand wird das Kinn abgestützt.

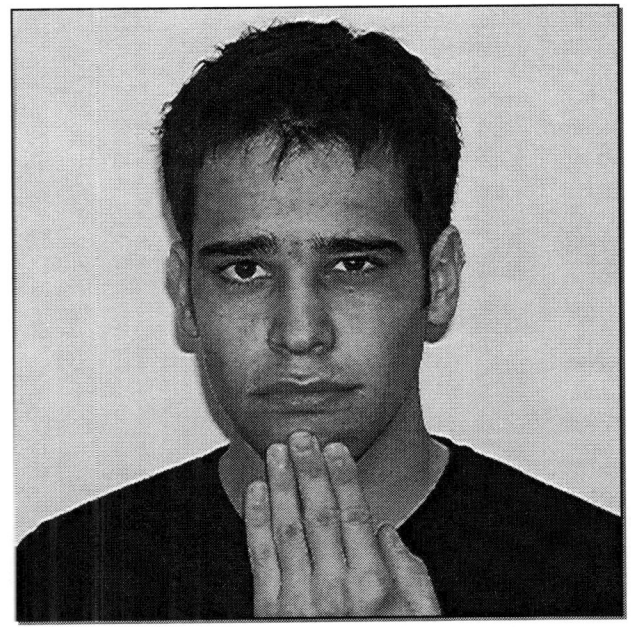

2.4.3 Das Kinn aufstützen

Die Person ist sehr aufmerksam. „Mir kann keiner etwas vormachen."

Sie ist gegenüber den Ausführungen des Sprechenden oder der anderen Zuhörer skeptisch und achtet genau auf das, was gesagt oder getan wird.

Bei einer Ungenauigkeit oder Schwäche dieser Personen würde sie mit einem Einwand reagieren.

Mit dem Zeigefinger einer Hand wird das Kinn abgestützt.

2.4.4 Mit dem Kinn deuten

Die Person deutet mit dem Kinn auf eine andere Person oder auf eine Sache. Diese Geste zeugt nicht von Höflichkeit, da sie meist dann benutzt wird, wenn die Person, auf die gedeutet wird, nichts davon merken soll.

Mit dem Kinn wird in eine Richtung gedeutet.

2.4.5 Das Kinn heben

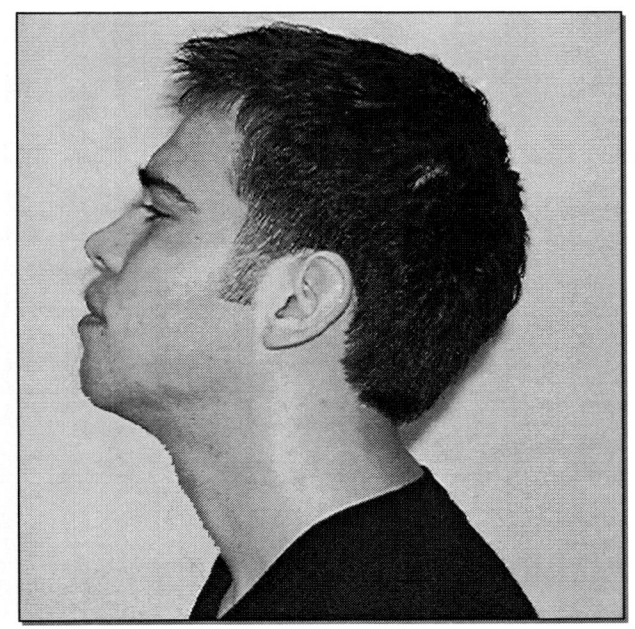

Durch das Hochheben des Kinns wird gleichzeitig der Kopf angehoben. Die Person erhebt also ihren Kopf über andere Anwesende und macht sich damit zu etwas Besserem. Verbal ausgedrückt könnte dies folgendermaßen übersetzt werden: „Das geht mich alles nichts an," oder „seht zu, wie Ihr einig werdet", oder „ohne mich".

Die Person klammert sich bewusst aus einer Gruppe aus. Dieses Verhalten kann sich auf den Gesprächsablauf negativ auswirken.

Das Kinn wird angehoben

2.4.6 Mit einer Hand das Kinn hochschnippen

„Mir kannst du nichts vormachen." So etwa könnte diese Körperbewegung übersetzt werden.

Für den Sprechenden heißt das, dass in Kürze mit einem Einwand zu rechnen ist.

Mit dem Zeigefinger oder den Fingern einer Hand am Kinn entlangschnippen. Bewegung vom Hals zum Kinn.

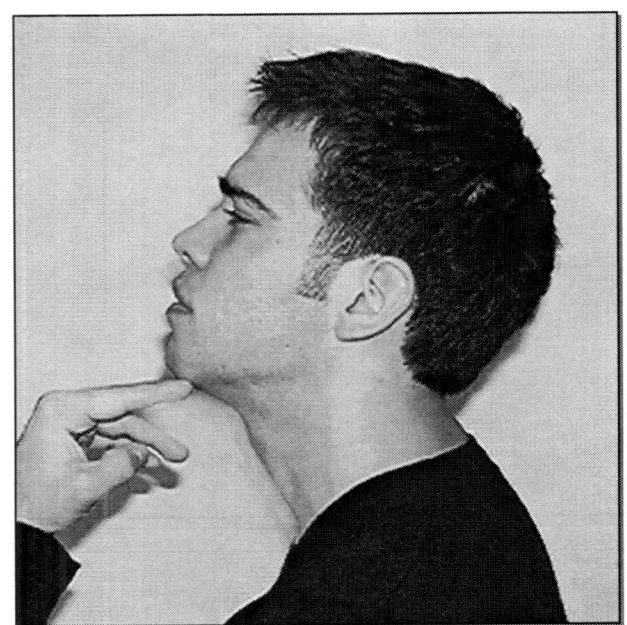

2.4.7 Von unten ans Kinn klopfen

Die Person zeigt bildlich an, dass ihr das Wasser bis zum Kinn steht. „Mir steht's bis hier." Sie ist nicht länger einverstanden mit dem Geschehenen.

Da von diesem Zuhörer in absehbarer Zeit ein Einwand zu erwarten ist, sollte der Sprechende beizeiten prüfen, ob der Inhalt seiner Ausführungen Mängel aufweist oder ob sich die Zuhörer langweilen.

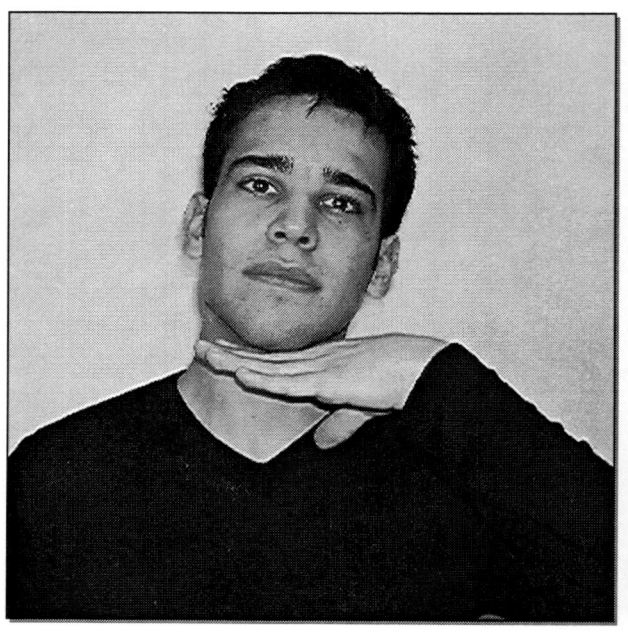

Mit den ausgestreckten Fingern der flachen Hand wird ein- oder mehrmals von unten ans Kinn geklopft.

2.4.8 Am Kinn kratzen

Die Person ist sich nicht sicher, ob sie mit dem Gesprächsablauf oder den Ausführungen des Sprechenden oder der anderen Zuhörer einverstanden sein soll. Die Geste drückt demnach eine gewisse Unentschlossenheit aus.

Mit einem oder mehreren Fingern am Kinn kratzen.

2.4.9 Das Kinn mit der ganzen Hand massieren

Die Person zeigt Zweifel und Ungläubigkeit. „Das kann ich nicht ganz glauben, was Du da gesagt hast."

Der Sprechende sollte diese Person im Auge behalten und seine Ausführungen mit anderen Worten wiederholen.

Das Kinn wird mit der ganzen Hand massiert.

2.4.10 Das Kinn vorstrecken

Diese Geste drückt Aggression aus: „Was willst Du von mir?" Die Person ist bereit, anzugreifen.

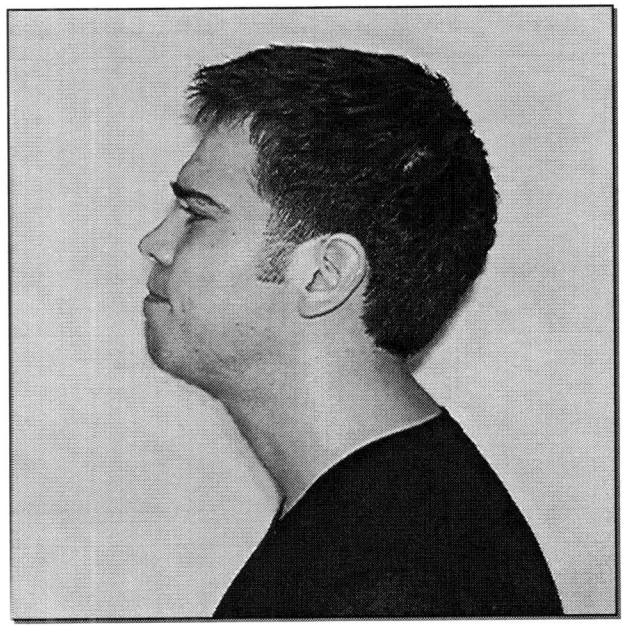

Das Kinn wird deutlich nach vorn gestreckt.

2.4.11 Das Kinn zurückziehen

Die Person macht sich kleiner, sie zieht sich zurück. Durch diese Geste zeigt sie Angst und Hemmungen. Gleichzeitig wird bei dieser Kopfbewegung der Kopf nach unten gezogen, womit auch die Augen nach unten zeigen. Die Demutshaltung wird hier noch verstärkt.

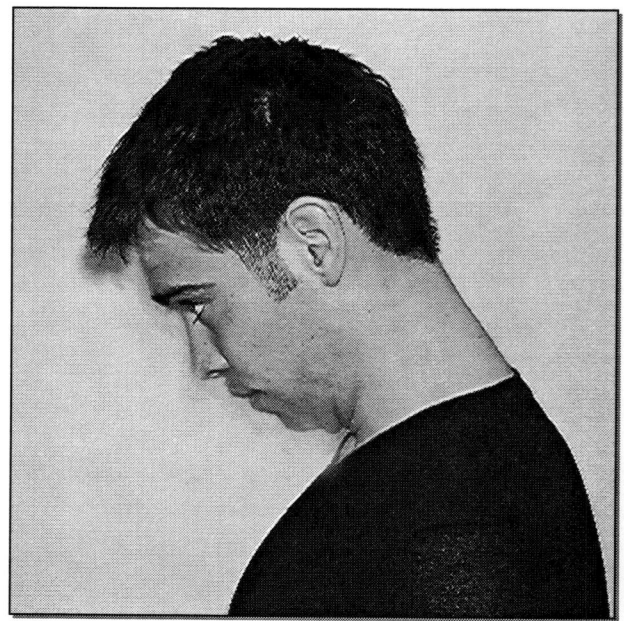

Das Kinn wird zurückgezogen.

2.5.1 Die Nase berühren

Durch die Lage der Finger werden der Mund und die Nasenlöcher verdeckt. Offensichtlich hat die Person etwas zu verbergen.

Durch die Schaffung einer angstfreien Atmosphäre kann gegebenenfalls Offenheit erzeugt werden.

Der Zeigefinger einer Hand wird von unten an die Nase gedrückt. Er kann unterhalb der Nase liegen oder nach oben wegzeigen.

2.5.2 Die Nase zuhalten

Eine gut zu deutende Körperhaltung: „Ich kann Dich nicht riechen." Offensichtlich mag die Person den Gesprächspartner nicht. Vielleicht riecht es auch nur unangenehm im Raum, wobei hier dann verbale Äußerungen folgen würden.

Die Nasenlöcher werden vom Daumen und Zeigefinger einer Hand zugehalten.

2.5.3 Die Nase hochdrücken

Die Person zwingt sich dazu, das Gegenüber riechen zu „müssen". Sie ist sich allerdings nicht sicher, ob das Geschehene in ihre Gedankenwelt passt.

„Ich bin mir noch nicht ganz sicher", oder „Ich muss noch kurz überlegen." Häufig lässt sich die Person aber überzeugen.

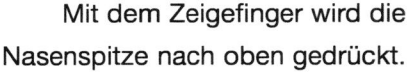
Mit dem Zeigefinger wird die Nasenspitze nach oben gedrückt.

2.5.4 Die Nase hoch tragen

Durch das Hochheben der Nase wird gleichzeitig der Kopf gehoben. Die Person erhebt also ihren Kopf über andere Anwesende und macht sich damit zu etwas Besserem. Sie wird als „hochnäsig" bezeichnet.

Verbal ausgedrückt könnte übersetzt werden: „Ich will damit nichts zu tun haben", oder „seht zu, wie Ihr einig werdet", oder „ohne mich". Die Person klammert sich bewusst aus einer Gruppe aus. Dieses Verhalten ist schlecht für den Gesprächsablauf.

Die Nase wird absichtlich nach oben gehalten.

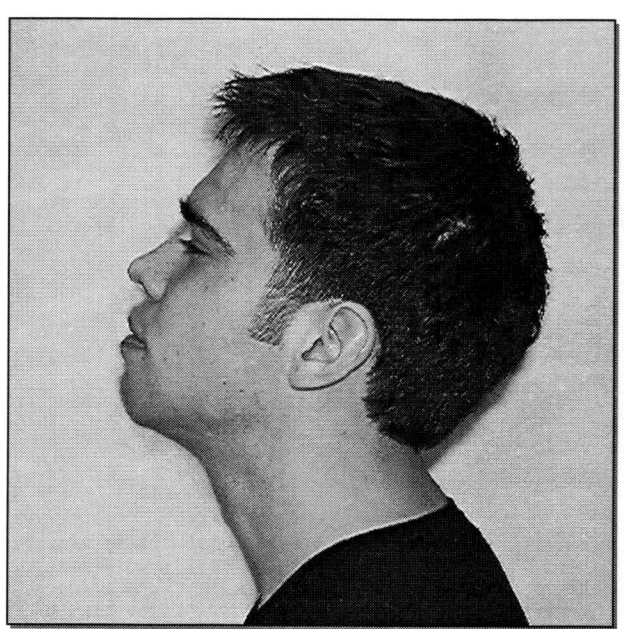

2.5.5 An die Nase klopfen

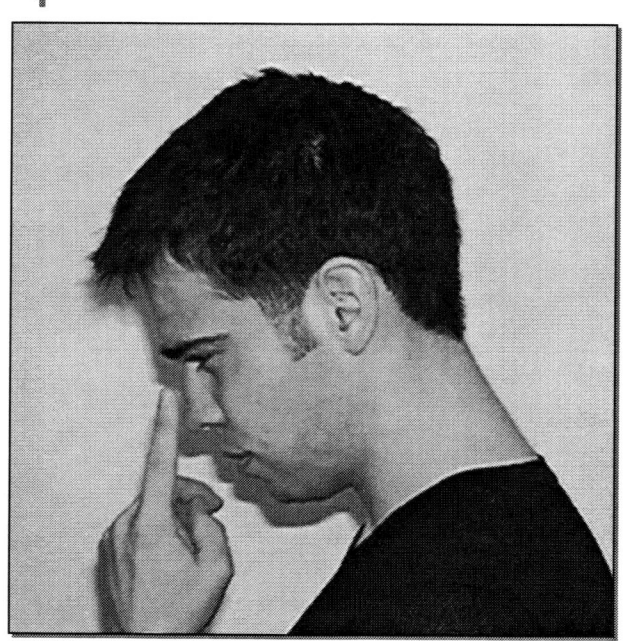

Die Person klopft sozusagen eine Idee aus sich heraus: „Mir kommt da eine Idee." In der Regel geht dieser Idee ein intensives Überlegen voraus.

Wenn der Sprechende dieses Nasenklopfen sieht, kann er den Zuhörer direkt auffordern, seine Idee zu äußern.

Oft folgt ein kreativer und konstruktiver Vorschlag.

Mit einem Finger mehrmals an einen Nasenflügel klopfen.

2.5.6 Die Nase rümpfen

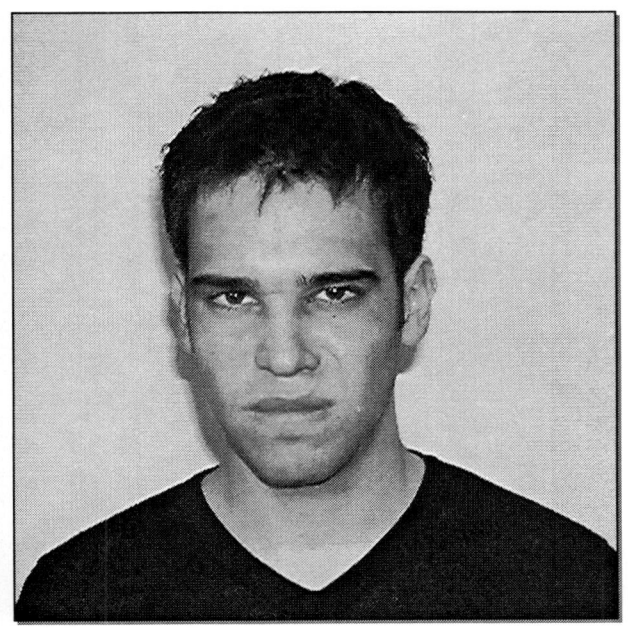

Hier wird deutlich gemacht, dass die Person etwas überhaupt nicht riechen kann oder will. „Pfui, das mag ich nicht!"

Es wird Ekel und Abscheu ausgedrückt.

Nase wird leicht hochgezogen, sie wird gerümpft.

2.5.7 Eine lange Nase machen

Die Nase wird künstlich verlängert. Über das leichte Fehlverhalten oder Versagen einer anderen Person oder Gruppe wird sich in spaßiger Weise geäußert. Auch wenn die betroffene Person oder Gruppe gewonnen oder eventuell in einem Spiel einen Vorteil errungen hat, kann diese Geste eingesetzt werden: „Ätsch, ..." Wird diese Körperhaltung in spaßiger Weise eingesetzt, kann davon ausgegangen werden, dass in der Gesprächsgruppe Harmonie herrscht.

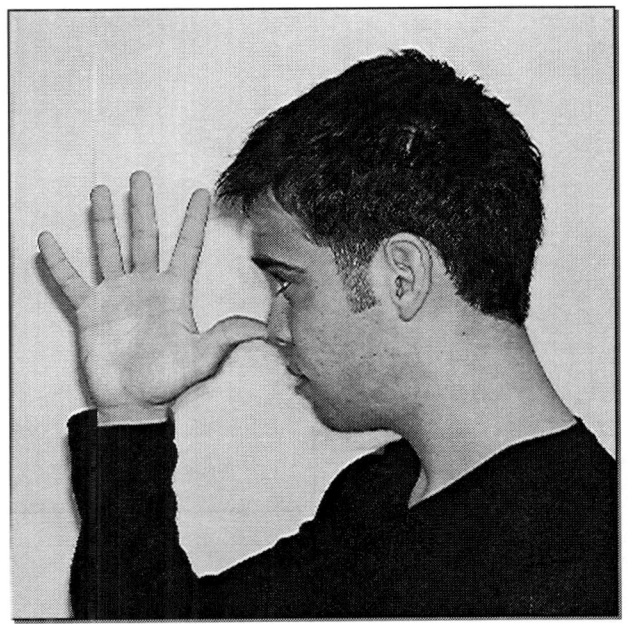

Der Daumen einer Hand berührt die Nasenspitze. Die anderen Finger dieser Hand stehen gespreizt voneinander vom Daumen ab und bewegen sich hin und her.

2.5.8 Die Nase zur Seite ziehen

Hier wird die Nase aus der Richtung weggenommen, aus der Informationen (als Geruch) aufgenommen werden. Bildlich gesehen, möchte die Person die andere im Moment nicht „riechen" müssen.

Sie drückt also Missfallen der anderen Person oder dem Geschehen gegenüber aus.

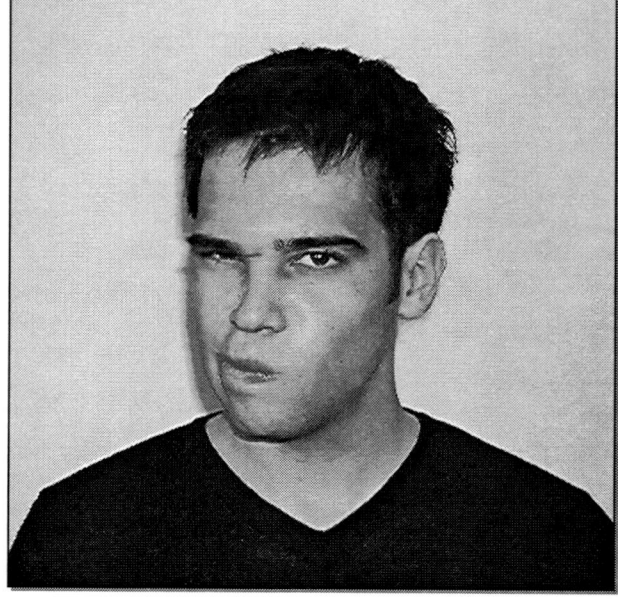

Die Nasenspitze wird kurz
auf eine Seite gezogen.

2.5.9 Die Nasenflügel blähen

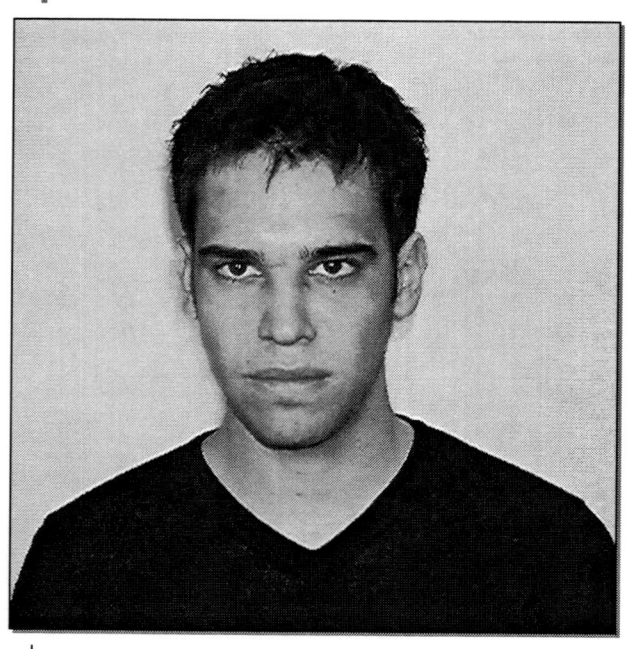

Die Person holt tief Luft, um einen Angriff vorzubereiten. Sie ist wütend.

Mit einem verbalen, aggressiven Einwand oder gar Angriff ist zu rechnen.

Die Nasenflügel werden aufgebläht.

2.5.10 Die Nasenflügel beben

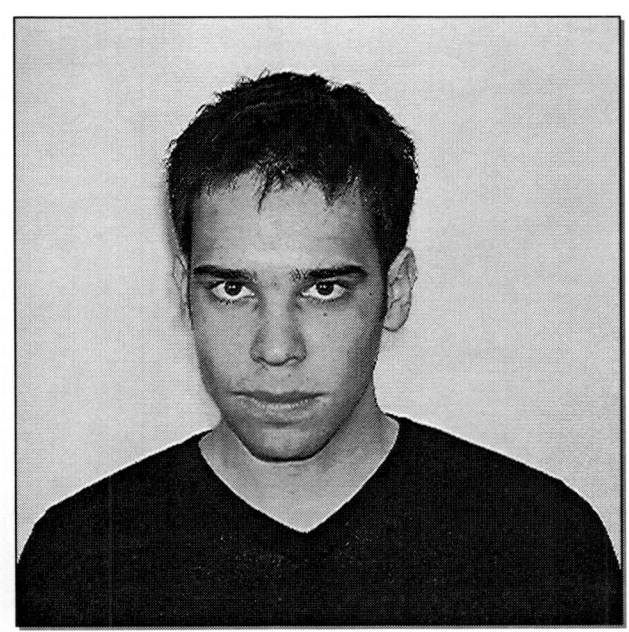

Die Person ist innerlich ärgerlich und wütend, spürt aber ihre Unterlegenheit. Die Nasenflügel fangen an zu beben. Möglicherweise wird die Person anfangen zu weinen.

Die Nasenflügel beben, flattern.

2.6.1 Die Stirn von vorn antippen

Eine Geste, die hoffentlich nicht allzu oft in Gesprächen auftritt. Sie bedeutet: „Du spinnst wohl."

Mit dem Zeigefinger einer Hand die Stirn von vorn antippen.

2.6.2 Die Stirn an der Seite antippen

Nicht zu verwechseln mit der Geste 2.6.1. Hier wird das Gegenteil ausgedrückt. „Köpfchen, Köpfchen."

Die Person äußert sich bewundernd über eine dritte Person. Aber auch, wenn der Person eine gute Idee gekommen ist: „Ach ja, das ist eine gute Idee."

Mit dem Zeigefinger einer Hand
die Stirn an der Seite antippen.

2.6.3 Die Stirn mit allen Fingern antippen

Hier wird eine Person als verrückt bezeichnet.

Je nach Einsatz und Stärke dieser wenig vorteilhaften Geste in einem Gespräch, ist gegebenenfalls ein klärendes Gespräch in einer Pause nötig.

Mit allen Fingern einer Hand
die Stirn von vorn antippen.

2.6.4 Die Stirn drücken

Die Person zeigt, dass es ihr nicht gut geht. Meistens sind bei dieser Bewegung auch die Augen geschlossen.

Der Sprechende sollte klären, ob die Person krank ist und/oder eine Pause benötigt.

Diese Geste kann aber auch bildlich eingesetzt werden: „Das darf doch nicht wahr sein, was der/die da gerade sagt. Da wird mir ja ganz schlecht, wenn ich das höre."

Mit den Fingern einer Hand
die Stirn von vorn andrücken.

2.6.5 An die Stirn klopfen

Es ist schwer möglich, die Stirn zu zerstören in dem Sinne, dass Gedanken in den Kopf einer anderen Person gelangen können. Gelingt dieses nicht, so wird diese Person gerne als Dickkopf bezeichnet. „Das geht dem doch nicht in den Kopf ..."

In der Regel wird diese Geste eingesetzt, wenn über eine dritte Person gesprochen wird.

Mit gekrümmten Fingern
einer Hand an die Stirn klopfen.

2.6.6 Mit der flachen Hand an die Stirn schlagen

„Mensch, bin ich dumm. Wieso bin ich nicht gleich darauf gekommen?"

Hier bezeichnet sich ausnahmsweise die betroffene Person selbst als dumm.

Da aber die Erkenntnis bereits gereift ist, dass es eine bessere Lösung gibt, kann diese Geste nur positiv im Gespräch bewertet werden.

Mit der flachen Hand
gegen die Stirn schlagen.

2.6.7 Die Stirn wischen

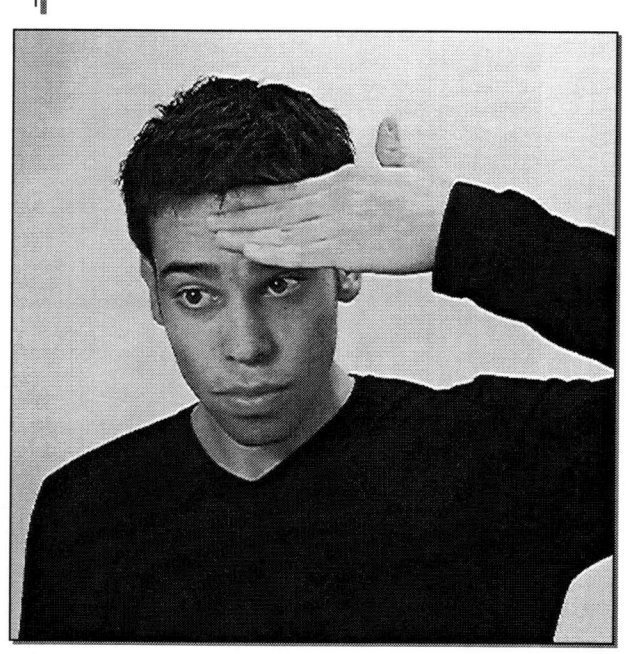

Die Person wischt sich symbolisch Schweiß von der Stirn, hervorgerufen durch eine brenzlige Situation, die gerade noch so gemeistert wurde. Mit „Glück gehabt" kann deshalb diese Handbewegung übersetzt werden.

Mit den Fingern einer Hand
über die Stirn wischen.

2.6.8 Die Stirn runzeln

Die Person zeigt Zweifel am Geschehenen. Sie ist sich nicht ganz sicher, ob es richtig ist, was sie da gesehen oder gehört hat. „Na, ob das so stimmt?"

Der Sprechende sollte das Problem noch einmal mit anderen Worten und aus einer anderen Sicht darstellen.

Die Stirn wird gerunzelt.

2.6.9 Mit den Händen die Ohren zuhalten

Diese Geste lässt zwei Deutungen zu. Zum einen könnte es dem Zuhörer zu laut sein. Zum anderen möchte er vielleicht jemandem nicht zuhören: „Ich will nicht hören, was Du sagst."

Im ersten Fall sollte der Sprechende die Lärmquelle erkennen und den Geräuschpegel senken.

Mit beiden Händen werden die Ohren zugehalten.

2.6.10 Die Ohrmuschel vordrücken

Die Person verändert die Einfallsmöglichkeit der Schallwellen, damit sie besser verstehen kann, was gesagt wird.

In diesem Fall sollte der Sprechende lauter sprechen oder störende Lärmquellen ausschalten.

Eine Hand drückt eine Ohrmuschel etwas nach vorn.

2.6.11 Die Schläfe anbohren

Hier wird eine Person als verrückt bezeichnet.

Da dies keine sehr vorteilhafte Geste in einem Gespräch ist, sollte ein klärendes Gespräch in der Pause geführt werden.

Mit dem Zeigefinger einer Hand die Schläfe von der Seite anbohren.

2.6.12 Hinter dem Ohr kratzen

Die Person ist etwas nervös und unsicher. Sie kann das Gehörte nicht richtig einordnen. „Ich weiß nicht recht,..."

Als Sprechender versuchen, Sicherheit zu erzeugen.

Mit einem Finger der Hand
w rd hinter dem Ohr gekratzt.

2.6.13 Die Ohrmuschel nach vorn schnellen lassen

„Na, ich habe wohl nicht richtig gehört, was Du da eben gesagt hast, Du kleiner Schelm..." Eine spaßhaft eingesetzte Geste, zum Beispiel dann, wenn der Gesprächspartner etwas zweideutige Aussagen gemacht hat.

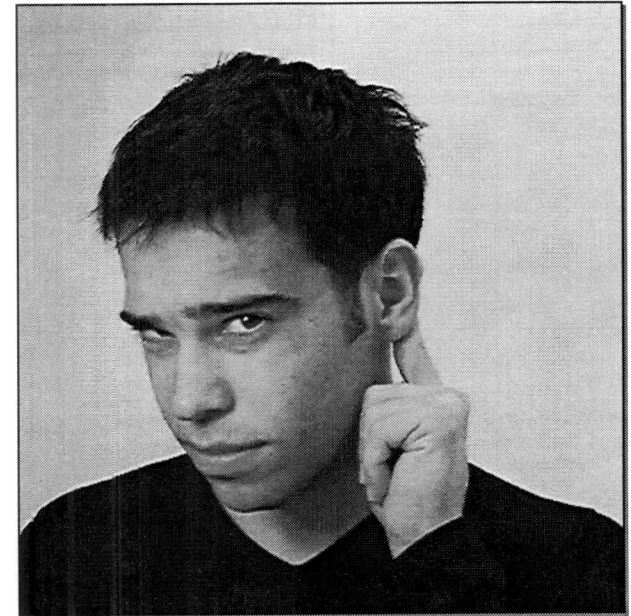

Eine Ohrmuschel wird mit dem Zeigefinger
mehrmals nach vorn geschnippt.

2.6.14 Ein Eselsohr bilden

Hier werden dem Gegenüber Eselsohren gezeigt und damit auch klar ausgedrückt, was vom Gegenüber gehalten wird. „Du [alter] Esel."

Diese Geste wird spaßhaft eingesetzt.

Der Daumen berührt das Ohr, die Finger sind weit abgespreizt.

2.6.15 In die Schläfe schießen

Die Person schießt sich symbolisch in die Schläfe. Sie will damit aussagen, dass sie eine so große Dummheit gemacht habe, dass sie sich eigentlich umbringen müsse.

Diese Handbewegung wird in der Regel zum Glück nur scherzhaft eingesetzt.

Zeige- und Mittelfinger einer Hand zielen auf die Schläfe und berühren diese, während der Daumen abgespreizt und Ringfinger und kleiner Finger gekrümmt sind.

2.6.16 Die Schläfe umkreisen

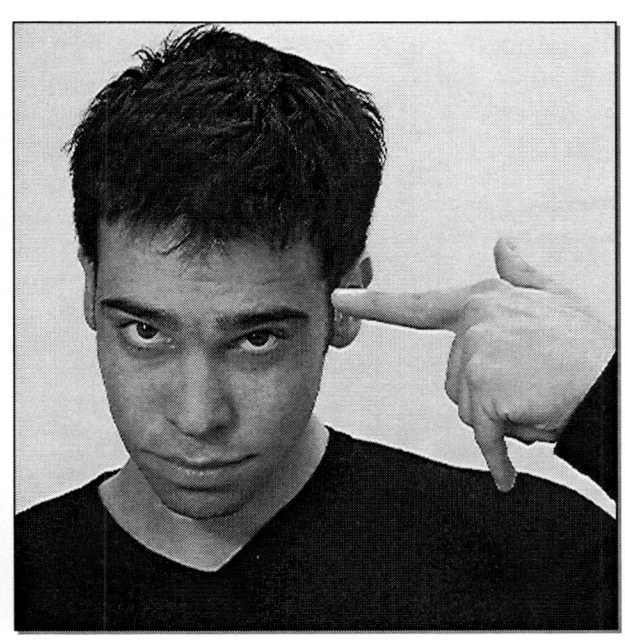

Auch hier soll mitgeteilt werden, dass eine dritte Person „nicht ganz normal" im Kopf sein soll.

Solange diese Geste spaßhaft von einem Zuhörer eingesetzt wird, kann sie vielleicht gerade noch akzeptiert werden.

Mit dem Zeigefinger einer Hand wird um eine Schläfe eine kreisende Bewegung vollführt.

2.6.17 Ins Ohrläppchen kneifen

Am liebsten würde die Person ihrem Gegenüber die „Ohren langziehen". Da sie das nicht kann, weicht sie auf das eigene Ohr aus und kneift sich ins Ohrläppchen.

Der Sprechende sollte erkennen, dass die Person nicht ganz mit den Beiträgen einer anderen Person einverstanden ist.

Mit Daumen und Zeigefinger in ein Ohrläppchen kneifen.

2.6.18 Am Ohr kratzen

Die Person zeigt Nervosität und eine gewisse Unsicherheit. Als Sprechender eine angstfreie Situation schaffen.

Mit einem Zeigefinger an der Ohrmuschel kratzen.

2.6.19 Das Ohr vergrößern

Die Person vergrößert künstlich die Ohrmuschel, damit sie besser verstehen kann, was gesagt wird. In diesem Fall sollte der Sprechende lauter sprechen oder störende Lärmquellen eliminieren. Diese Geste kann aber auch dann eingesetzt werden, wenn die Person – obwohl sie akustisch einwandfrei verstanden hat – sagen will:

„Was hast Du da eben gesagt? Ich habe Dich wohl nicht richtig verstanden."

Eine Hand wird hinter ein Ohr gehalten, wobei der Daumen am Kopf anliegt. Die Handfläche ist vom Gegenüber zu sehen.

2.6.20 Mit den Fingern die Ohren zuhalten

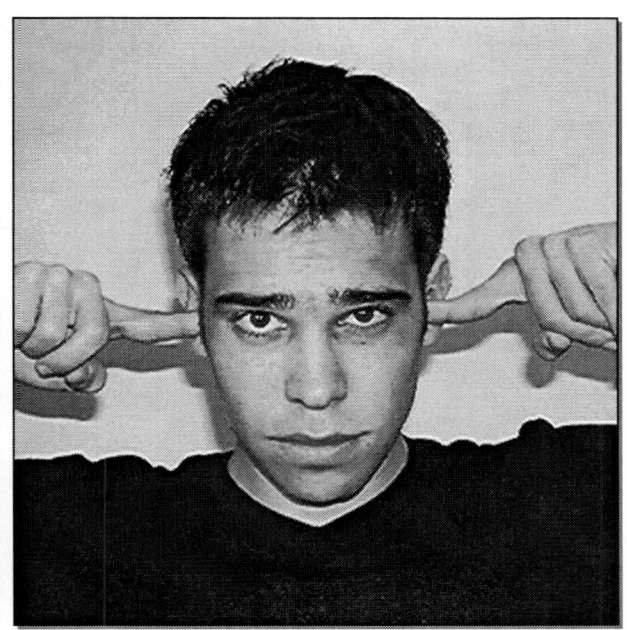

Diese Geste entspricht jener von Bild 2.6.9, dort wurden die Ohren mit den Händen zugehalten.

Auch hier sind wieder folgende Deutungen denkbar:
1. Der Person ist es zu laut, der Geräuschpegel sollte gesenkt werden.
2. Die Person möchte keine andere Meinung akzeptieren.

Die Zeigefinger jeder Hand werden in die beiden Ohrmuscheln gehalten.

2.6.21 Am Ohrläppchen spielen

Die Person ist etwas nervös und augenblicklich auch etwas gehemmt. Sie möchte liebkost und geliebt werden. Da das im Augenblick niemand anderes tut, tut sie es selbst, indem sie „gedankenverloren" an ihrem Ohrläppchen spielt.

Der Sprechende sollte für eine angstfreie Atmosphäre sorgen.

Mit Daumen und Zeigefinger an einem Ohrläppchen spielen.

3.1.1 Den Oberkörper weit nach vorn beugen

Der Abstand zwischen den beiden Gesprächspartnern verringert sich deutlich durch diese Körperhaltung. Im Gegensatz zur folgenden Körperhaltung (Körper vorbeugen) wird hier allerdings in die Intimsphäre des Gesprächspartners eingedrungen, was jener als negativ empfinden kann. Diese Körperhaltung ist überheblich und erzeugt aggressive Gefühle.

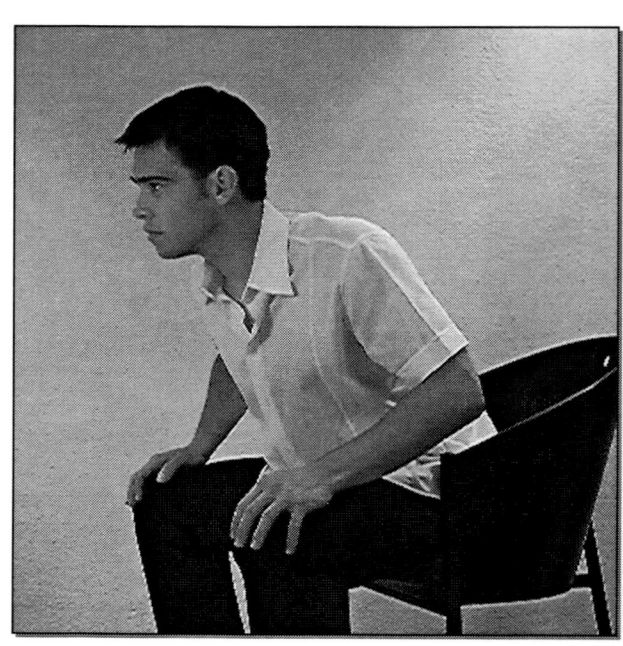

Der Oberkörper ist sehr weit zum direkt gegenübersitzenden Gesprächspartner vorgebeugt.

3.1.2 Den Körper vorbeugen

Durch das Vorbeugen des Oberkörpers verringert sich der Abstand zwischen den beiden Gesprächspartnern. Die betroffene Person sucht Nähe, Kontakt zum Gesprächspartner. Diese Haltung ist sehr positiv für den Vortragenden, da ein eindeutiges Interesse an der Sache und dem Beitrag zu erkennen ist. Ein vernünftiges Zusammenarbeiten ist zu erwarten.

Der Oberkörper ist weit zum Gesprächspartner vorgebeugt.

3.1.3 Den Oberkörper weit zurücklehnen

Durch das Zurücklehnen des Oberkörpers wird die Distanz zwischen den Gesprächspartnern vergrößert. Das heißt, es wird keine Übereinstimmung, keine Nähe gesucht. Dies ist kritisch für den Vortragenden, da die betroffene Person Missfallen signalisiert, was die Sache oder die letzte Aussage betrifft.

Als Vortragender diese Person sorgfältig beobachten und versuchen, sie positiv zu beeinflussen.

Der Oberkörper ist weit vom Gesprächspartner entfernt.

3.1.4 Den Körper vorneigen

Die Körperhaltung zeigt aufmerksames Zuhören und, falls der Kopf geneigt ist, auch eine demutsvolle und „unterwürfige" Haltung. Ein Gesprächspartner sollte dem Vortragenden in einem Gespräch so nicht gegenüberstehen müssen.

Im Stehen oder Sitzen ist der Oberkörper weit zum Gesprächspartner vorgeneigt.

3.1.5 Eng vorgezogene Schultern

Die betroffene Person „macht sich kleiner" und schützt sich durch das Zusammenziehen der Schultern. Möglicherweise wird diese Körperhaltung verstärkt durch einen nach unten zeigenden Kopf.

Die Körperhaltung wird als leicht negativ bewertet, da hier Hemmungen und Schüchternheit zu Tage treten.

Die Schultern sind nach
vorn zusammengezogen.

3.1.6 Auf die Schultern klopfen

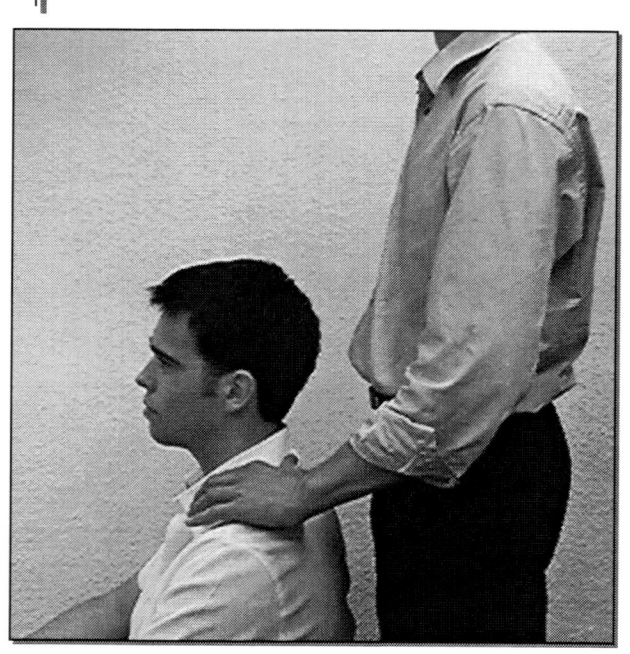

Diese Geste wird in der hiesigen Kultur sehr leicht als Eingriff in die Intimsphäre des Gesprächspartners gedeutet. Das Klopfen auf die Schulter soll Intimität, also Nähe und Sympathie zeigen. Gleichzeitig soll sie eine Art Ermutigung darstellen. Obwohl die Geste nur in einer positiven Atmosphäre durchgeführt wird, ist zu klären, ob der Person, der auf die Schulter geklopft wird, dieses auch tatsächlich als angenehm empfindet.

Dem Gesprächspartner leicht
auf die Schulter klopfen.

3.1.7 Mit den Schultern zucken

Eine Aussage, die leicht verständlich ist: „Ich weiß nichts", „Ich kann mir nichts unter dem Gesagten vorstellen".

Der Vortragende sollte seine Aussage in anderen Worten wiederholen, um sich verständlicher zu machen (Sender – Empfänger!).

Eventuell ist diese Körperhaltung auch als gewisses Desinteresse an der Sache zu deuten.

Mit den Schultern ein oder mehrmals zucken.

3.1.8 Die Achseln unterhaken

Ein Zuhörer, der sich so verhält, ist mit sich und er Umwelt sehr zufrieden und steht den Dingen offen gegenüber. Jedoch wirkt diese Geste dem Gesprächspartner gegenüber schnell überheblich. Der Vortragende sollte daher, obwohl für ihn keine direkte Gefahr besteht, die betroffene Person behutsam auf den Boden der Tatsachen zurückholen.

Die Daumen sind unter die Achseln gesteckt und die Finger fächerförmig ausgebreitet.

3.1.9 Den Bauch durchschneiden

„Bis hierher – und nicht weiter!" Der Zuhörer „hat die Nase voll". Er schneidet sozusagen mit dieser Geste das Thema ab. Als Vortragender versuchen, mit diesem Zuhörer gegebenenfalls in der Pause von Person zu Person sprechen zu können.

Mit der flachen Hand, die Handfläche nach oben, eine „schneidende" Bewegung in Höhe des Bauches von links nach rechts durchführen.

3.1.10 Auf den Bauch klopfen

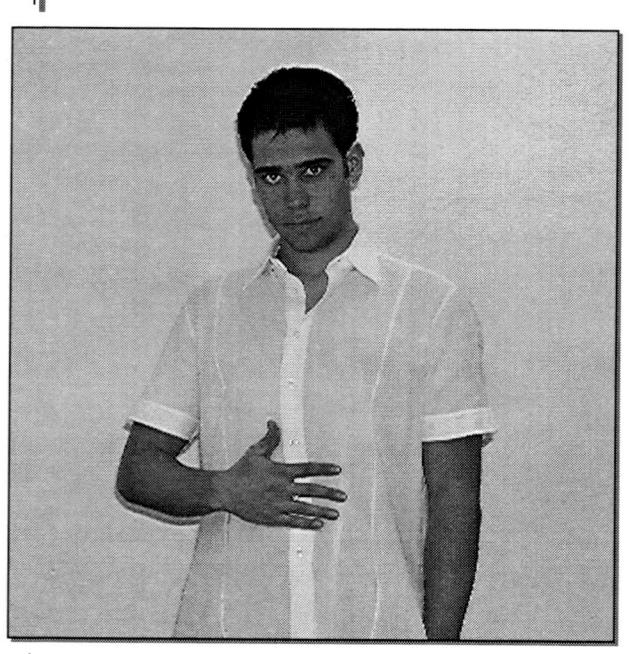

Die Aufmerksamkeit wird auf den wohlgenährten Bauch gelenkt. Ein Zeichen dafür, dass es der Person gut geht und sie „wohlgenährt" ist.

Oftmals wird bei dieser Körperhaltung gleichzeitig der Oberkörper nach hinten gelehnt.

Mit einer oder beiden Händen leicht auf den Bauch klopfen.

3.1.11 Die Hand auf den Bauch legen

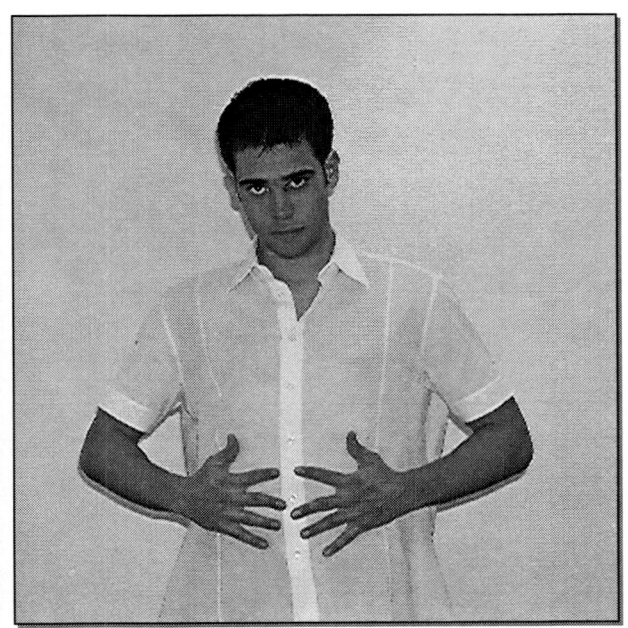

„Ich bin glücklich und zufrieden. Ich bin satt." Manchmal auch ein Zeichen dafür, dass die Person zuviel gegessen hat und nun einen Druck im Bauch verspürt.

Diese Geste ist oft nach der Mittagspause zu beobachten. Die Energie geht nun vom Kopf in den Bauch, um die aufgenommene Nahrung zu verdauen. Damit ist „Kopfarbeit" im Gespräch kaum möglich. Als Vortragender nun möglichst aktive Phasen einlegen, damit die Aufmerksamkeit erhalten bleibt.

Eine oder beide Hände auf den Bauch legen.

3.1.12 Die Brust antippen (1)

Der Zeigefinger bleibt an der Brust liegen und fragt den Gesprächspartner: „Meinst Du etwa mich?" Oftmals werden gleichzeitig die Stirn gerunzelt und die Augenbrauen gehoben. Diese Körperhaltung kann zum Beispiel beobachtet werden, wenn jemand eventuell zu Unrecht beschuldigt wird. Meist ist der Betroffene aber guter Laune und das „Problem" ist spielerisch lösbar.

Mit dem Zeigefinger an die eigene Brust tippen. Der Zeigefinger wird dort einen Moment liegengelassen.

3.1.13 Die Brust drücken

Eine leicht aggressive Körperhaltung. „Ich muss mich zügeln, sonst explodiere ich." Die Person ist wütend auf eine andere, meist nicht anwesende Person, die sie am liebsten körperlich angreifen würde. Da die Fäuste allerdings an den Körper gedrückt werden, hält sich die betroffene Person sozusagen selbst zurück.

Diese Körperhaltung wird durch eine entsprechende Mimik unterstützt.

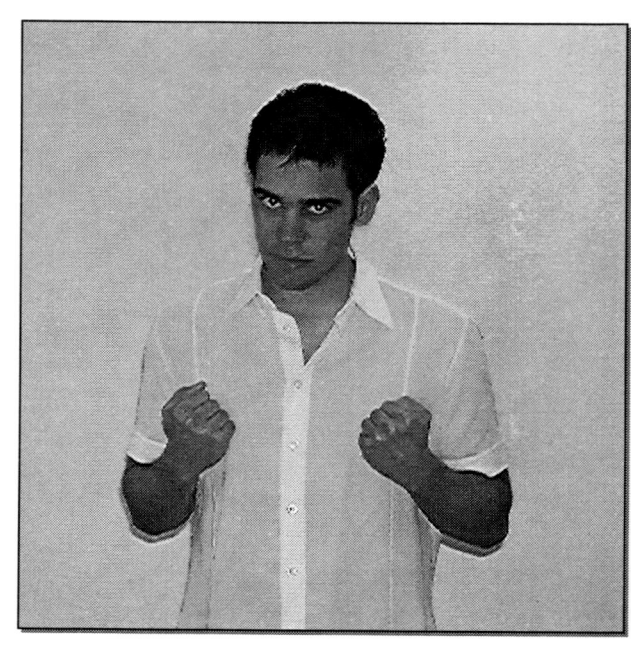

Eine oder beide geballte
Fäuste an die Brust drücken.

3.1.14 Die Brust halten

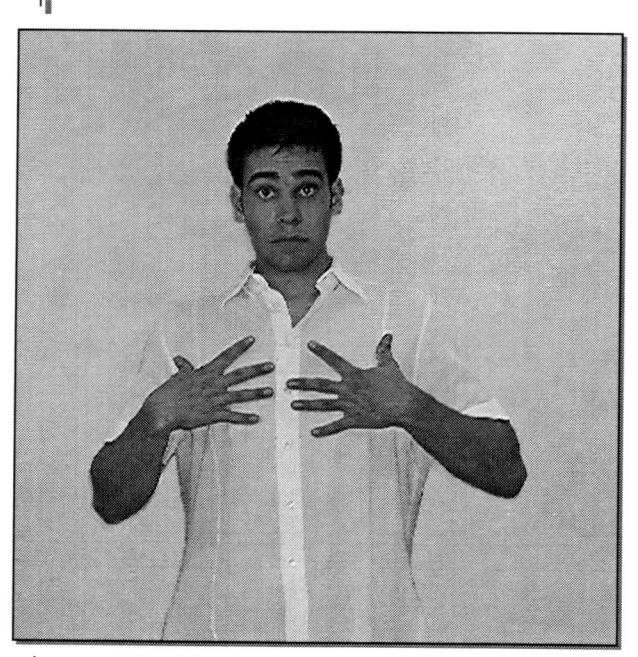

Diese Körperhaltung zeigt Überraschung. Eine Person fühlt sich verbal angegriffen und beteuert durch diese Geste ihre Überraschung und Unschuld. „Ich bin mir keiner Schuld bewusst."

Meist werden gleichzeitig die Augenbrauen überrascht in die Höhe gezogen.

Eine oder beide Hände auf die
Brust legen und dort „andrücken".

3.1.15 An die Brust klopfen

Die Aufmerksamkeit wird auf sich gelenkt. „Achtung, ich bin auch noch hier. Ich bin gemeint!"

Diese Geste wird oft als Unterstützung einer verbalen Aussage bekräftigend eingesetzt.

Mit den geschlossenen Fingerspitzen einer oder beider Hände mehrmals an die Brust klopfen.

3.1.16 An die Brust schlagen

Eine Körperbewegung, die in der Regel von Männern ausgeführt wird. Es soll gezeigt werden, wie stark die betreffende Person ist. Vergleiche aus der Tierwelt (z.B. bei bestimmten Affenarten) sind angebracht. Die Geste wird manchmal auch scherzhaft eingesetzt.

Eine oder beide Fäuste schlagen mehrmals gegen die eigene Brust.

3.1.17 Die Hände über der Brust kreuzen

Mit dieser Körperhaltung beteuert die Person ihre Unschuld. „Ich sage die Wahrheit. Ich schwöre."

Bei einigen islamischen Kulturen auch als Gruß zu beobachten.

Die Hände liegen über Kreuz auf der Brust.

3.1.18 Die Brust antippen (2)

Bei dieser Geste soll die Aufmerksamkeit auf den Zuhörer selbst gelenkt werden. „Schaut auf mich, hier bin ich."

Manchmal auch belehrend eingesetzt zur Unterstützung der verbalen Aussage: „Ich habe Euch schon immer gesagt..."

Mit dem Zeigefinger mehrmals an die eigene Brust tippen.

3.1.19 Beide Arme sind hinter dem Rücken verschränkt

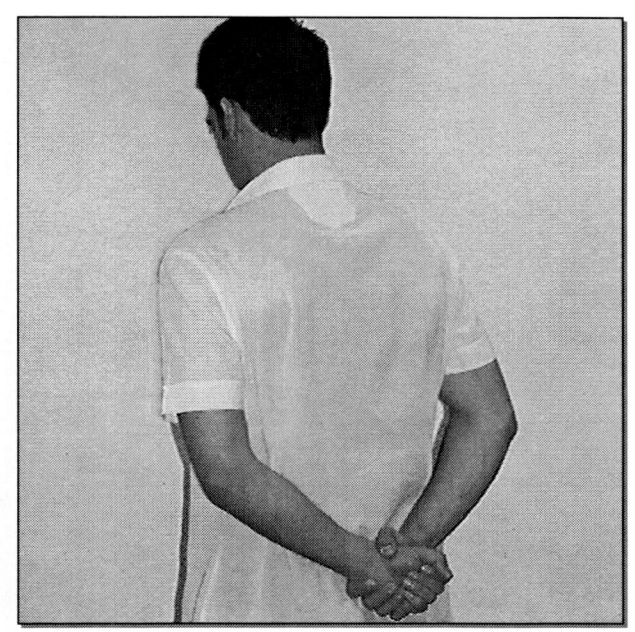

Das Verstecken der beiden Hände vor den Augen der anderen zeigt eine gewisse Nervosität oder Hemmung. Die Person hält sich sozusagen an sich selbst fest. Sind die Hände und Arme hinter dem Rücken, kann der Gesprächspartner aus der Körpersprache der Hände nichts lesen, da er sie nicht sehen kann.

Für leicht gehemmte Zuhörer eine gute Möglichkeit, relativ sicher vor die Gruppe zu treten und zu sprechen.

Eine Hand hält den anderen
Arm hinter dem Rücken fest.

3.1.20 Beide Arme werden vor den Bauch gelegt

Dies ist eine etwas schwächere Form der Körpersprache „Arme vor dem Oberkörper verschränkt" (siehe 4.1.1). Die Geste zeigt, dass die Person unsicher und gehemmt ist und sich an sich selbst festhält. Sie schützt den eigenen Körper vor eventuellen Angriffen.

Beide Arme sind parallel
zueinander vor den Bauch gelegt.

3.1.21 Die linke Hand auf die Brust gelegt

Dies ist eine Unschuldsbeteuerung. „Bei meiner Ehre...“

Die Person gibt zu verstehen, dass sie nichts zu verbergen hat.

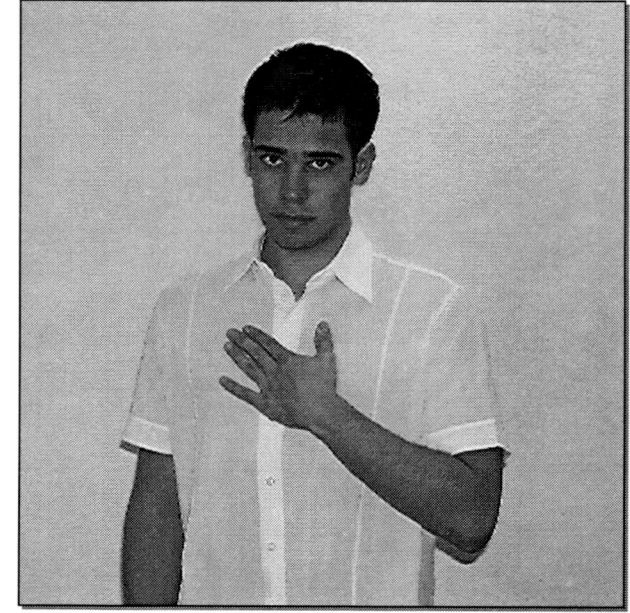

Eine Hand liegt flach auf der Brust. In der Regel handelt es sich um die linke Hand.

3.1.22 Einen Arm hinter den Rücken legen

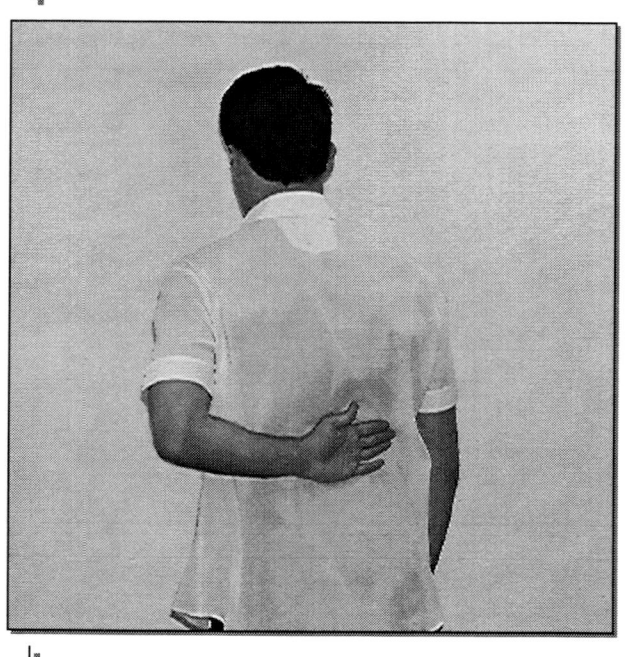

Wird ein Arm hinter den Rücken gelegt, ist die Person leicht verlegen.

Die Gesprächspartner können nicht sehen, was die Hand der betroffenen Person macht.

Ein Arm wird etwa in Höhe der Nieren hinter den Rücken gelegt.

3.1.23 Die Jacke beim Gespräch öffnen

Diese Geste lässt zwei Möglichkeiten der Deutung zu:

1. „Es wird mir warm. Ich fühle mich nicht ganz wohl in meiner Haut. Am liebsten möchte ich aus meiner Haut schlüpfen."
2. Eine gewisse Form der Arroganz. Die Person zeigt den anderen, dass sie „über" diesen steht und sich erlaubt, die formelle Gesprächssituation durch das informelle Öffnen der Jacke zu bestimmen.

Während des Sprechens werden die Knöpfe des Jacketts geöffnet.

4.1.1 Die Arme vor dem Oberkörper verschränken

Diese Körperhaltung wird als Reaktion auf einen vorangegangenen Vorfall sehr negativ bewertet. Die betroffene Person verschließt sich, möglicherweise verspürt sie Angst,

Hemmungen oder ein Unwohlsein und versucht daher aus dieser Furcht heraus, einen vermeintlichen Angriff abzuwehren. Solange der Zuhörer diese Haltung einnimmt, blockt er alles ab und ist nicht fähig oder willens, Argumente aufzunehmen.

Der Sprechende sollte versuchen, die Situation zu entspannen, denn erst, wenn die Arme heruntergenommen sind, ist der Zuhörer wieder offen für den eigentlichen „Verkauf".

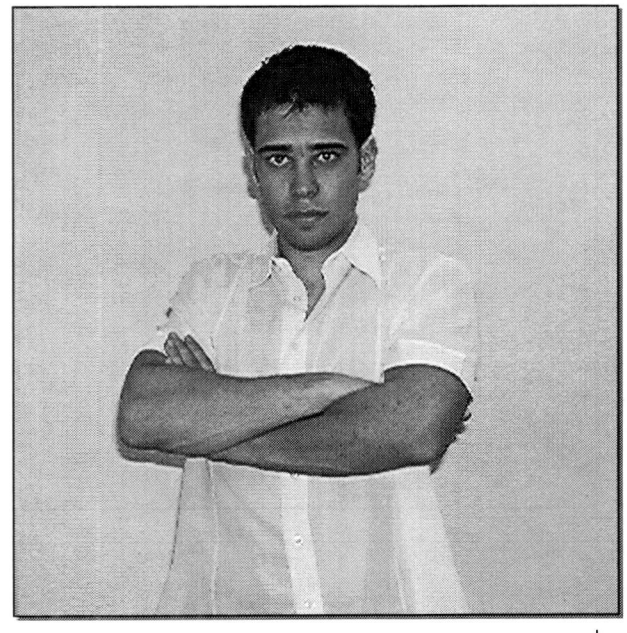

Beide Arme sind vor der Brust verschränkt. Eine Hand ist sichtbar, die andere versteckt gehalten.

4.1.2 Ausholende Armbewegung

Die weit ausholende Armbewegung während des Sprechens, Vortragens und Gestikulierens zeigt eine große Selbstsicherheit.

Der Betroffene hat keinerlei Angst, „sich zu öffnen".

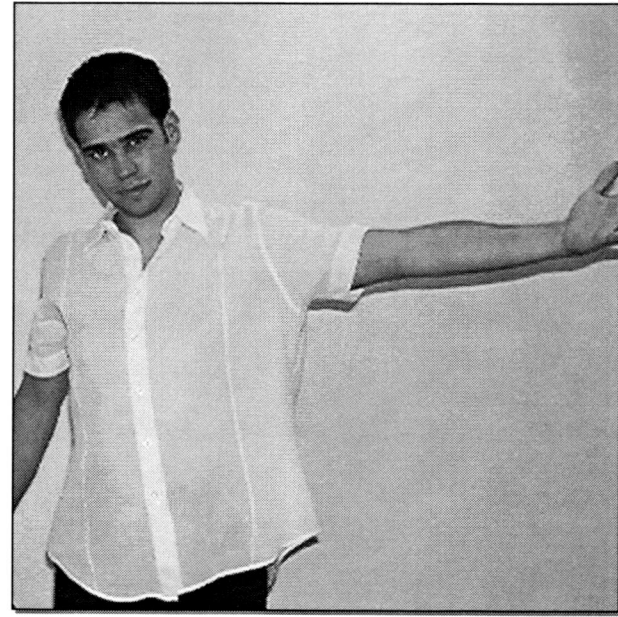

Eine ausholende Armbewegung
während des Gestikulierens.

4.1.3 Enge Armbewegung

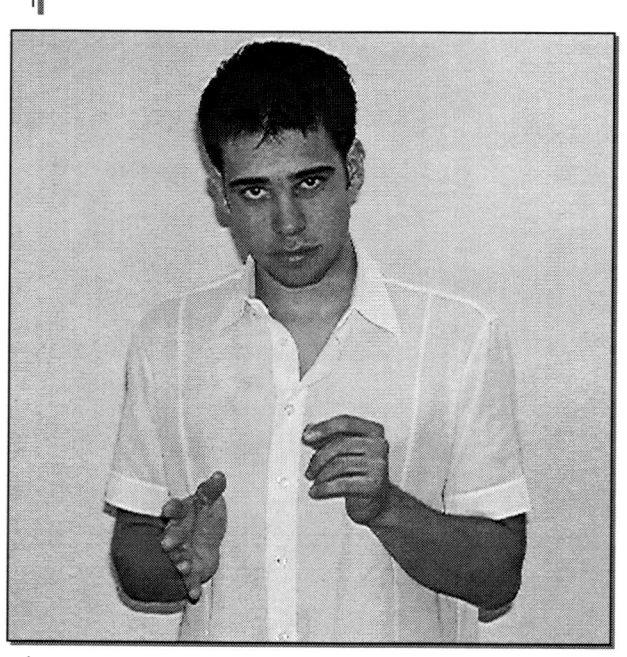

Die wenig ausholende Armbewegung während des Sprechens, Vortragens und Gestikulierens zeigt ein gewisses Maß an Unsicherheit.

Der Arm ist immer in der Nähe des Körpers und bereit, diesen bei einem vermeintlichen Angriff schnell zu schützen.

Eine enge Armbewegung
während des Gestikulierens.

4.1.4 Mit der Faust den Kopf stützen

Hier wird der Kopf so schwer, dass er abgestützt werden muss. Vielleicht liegt Müdigkeit vor?

Grundsätzlich ist Interesse an der Sache zu vermerken, da der Kopf auf diese Art näher zum Gegenüber kommt.

Der Ellenbogen wird auf dem Tisch abgestützt und das Kinn liegt auf der Faust.

4.1.5 Beide Arme hochheben

In der Regel kann diese Armhaltung positiv gesehen werden. „Mensch, mir geht es gut!" Oder: „Super, ich habe schon wieder gewonnen."

Begeisterung und positive Zustimmung zum Gespräch werden ausgedrückt.

Beide Arme etwa bis zum Kopf hochheben.

4.1.6 Beide Arme über den Kopf heben

Mit dieser Geste wird eine große Begeisterung ausgedrückt: „Hurra, wir haben gewonnen, wir sind die Sieger."

Es ist eine stärkere Ausdrucksform als in Bild 4.1.5 und wird eventuell auch in Situationen gewählt, in denen sich Spannungen oder Anstrengungen lösen.

In der Regel ist sie positiv für das Gespräch.

Beide Arme werden weit über den Kopf gestreckt, wobei sie hin und her „zucken" können.

4.1.7 Beide Arme liegen am Körper an

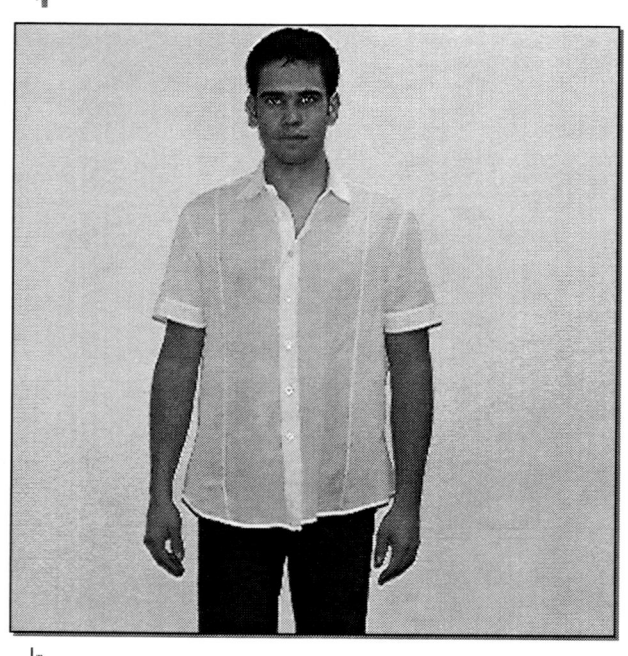

Bei dieser entspannten und neutral-offenen Körperhaltung steht der für Informationen offene Zuhörer vor seinem Gesprächspartner.

Beide Arme liegen locker am Körper an.

4.1.8 Beide Unterarme liegen auf dem Tisch

Einerseits ist die Person am Geschehen interessiert. Der Oberkörper kommt in dieser Körperhaltung näher zum Gesprächspartner. Andererseits schützt sich die Person vor möglichen Angriffen. Die Arme bilden eine Art Barriere.

Der Sprechende erzielt durch das Schaffen einer stress- und angstfreien Situation ein Wegnehmen der Arme und somit einen „freien" Zugang zum Gesprächspartner.

Beide Unterarme liegen – parallel zueinander – auf der Tischfläche.

4.1.9 Ein Unterarm liegt auf dem Tisch, der andere Arm ist unter dem Tisch

Zum einen wird Kontakt gesucht – der oben liegende Arm zeigt das – , andererseits ist die Person scheu und gehemmt.

Der Sprechende kann, wie bei der obigen Situation, durch das Schaffen einer stress- und angstfreien Situation erreichen, dass der Arm vom Tisch genommen und damit ein „freier" Zugang zum Gesprächspartner hergestellt wird.

Ein Unterarm liegt auf der Tischfläche, der andere darunter.

4.1.10 Die Arme liegen hinter dem Kopf

Meist wird gleichzeitig der Oberkörper etwas zurückgelehnt.

Die Person entspannt sich, zieht sich aber gleichzeitig etwas vom Geschehen zurück. Der Sprechende sollte überlegen, ob es an der Zeit ist, eine Pause, eine Bewegungsübung oder eine aktive Gesprächspause einzulegen.

Beide Arme sind hinter den Kopf gelegt.

4.1.11 Ein Unterarm liegt im Bogen auf dem Tisch

Die Person ist zum Gesprächspartner hin orientiert, aber trotz allem leicht gehemmt. Mit dem lang aufliegenden Arm wird eine Blockade zu anderen Personen aufgebaut. Niemand soll das „Verhältnis" der beiden nebeneinander sitzenden Personen stören.

Der vom Gesprächspartner weiter entfernte Arm liegt im großen Bogen auf dem Tisch. Der andere Unterarm liegt auf dem Tisch direkt vor dem eigenen Körper.

4.1.12 Ein Unterarm liegt zwischen dem Tischnachbarn

Mit dem – zwischen den beiden nebeneinander sitzenden Personen – lang aufliegenden Arm wird eine Blockade aufgebaut.

Die Person möchte keinen Kontakt mit dem Nachbarn aufnehmen.

Möglicherweise wird diese Körperhaltung durch ein leichtes Zudrehen der Rückenpartie verstärkt.

Der dem Gesprächspartner näher liegende Arm liegt im großen Bogen auf dem Tisch. Der andere Unterarm liegt auf dem Tisch direkt vor dem eigenen Körper.

4.1.13 Einen Arm heben

Hier soll Aufmerksamkeit erregt werden. „Hallo, hier bin ich!"

Vielleicht meldet sich der Zuhörer auf diese Art.

Ein Arm wird gehoben, die Handfläche zeigt zum Gesprächspartner.

4.1.14 Einen Arm ergreifen und die Hand geben

Eine etwas intime Geste. Durch das Handauflegen rückt die Person in den „Intimbereich" des Gesprächspartners ein. Das ist nur erlaubt, wenn sich beide Personen kennen. Stehen beide Personen jedoch im Abhängigkeitsverhältnis zueinander, wird nur die ranghöhere Person die Hand auflegen.

Gleichzeitig wird sich begrüßt. Es handelt sich also um eine relativ positive Atmosphäre, wobei – wie gesagt – zu werten ist, ob hier nicht Stärke ausgenutzt wird.

Mit der linken Hand wird der Oberarm des Gesprächspartners ergriffen. Mit den jeweils rechten Händen wird sich begrüßt.

4.1.15 Die Arme ausstrecken

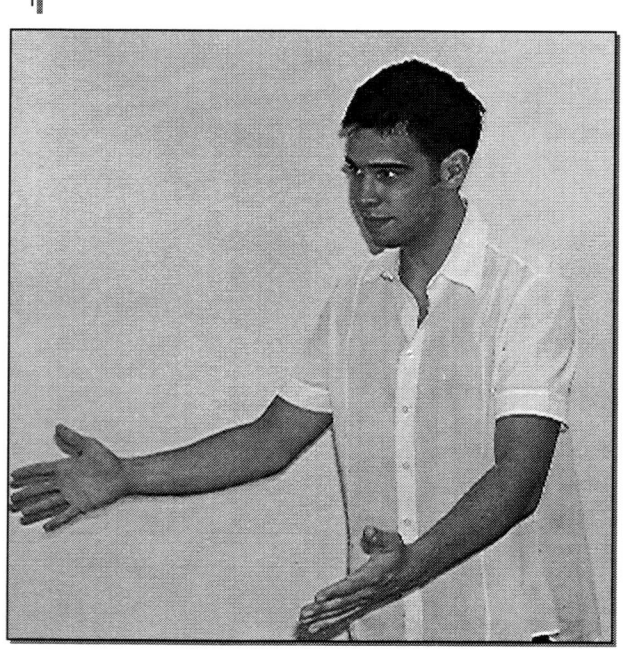

Die Person verkürzt durch das Vorstrecken der Hände die Distanz zum Gesprächspartner. Das ist positiv zu werten.

Diese Körperhaltung sagt: „Sei herzlich willkommen." Oder: „Komme zu mir."

Beide Arme werden dem Gesprächspartner hin entgegengestreckt. Die Daumenseite zeigt nach oben.

4.1.16 Die Arme hinter den Rücken legen

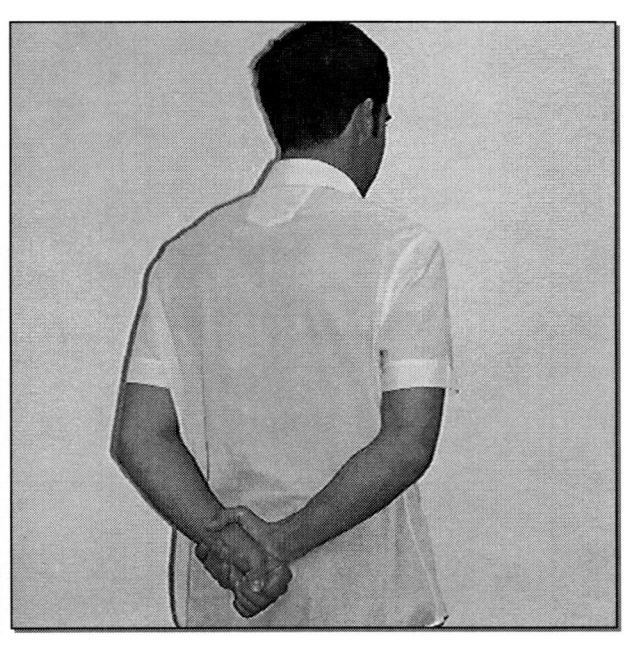

Zwei Deutungen sind möglich:

1. „Ich fühle mich wohl." Denn die empfängliche Körperseite zeigt offen zum Gesprächspartner. Es wird kein Angriff erwartet, denn es würde viel zu viel Zeit dauern, die Hände zum Schutz nach vorne zu holen.

2. „Ich bin etwas nervös." Die Hände werden hinter dem Rücken versteckt, so dass die Gesprächspartner ein eventuelles Zittern der Hände nicht sehen können.

Beide Arme werden hinter den Rücken gelegt. Dort überkreuzen sich die Handgelenke. Eine Hand hält das andere Handgelenk fest.

4.1.17 Die Arme in die Seite stemmen

Mit dieser Geste wird der Körper künstlich vergrößert. Der Gesprächspartner soll Respekt vor der Person bekommen. Die Haltung kann übersetzt werden mit: „Bleib mir vom Halse, sonst gibt es Ärger." Aus irgendeinem Grund ist die Person innerlich aggressiv. Für den Sprechenden heißt das, dass er versuchen sollte, bestehende Aggressionen abzubauen.

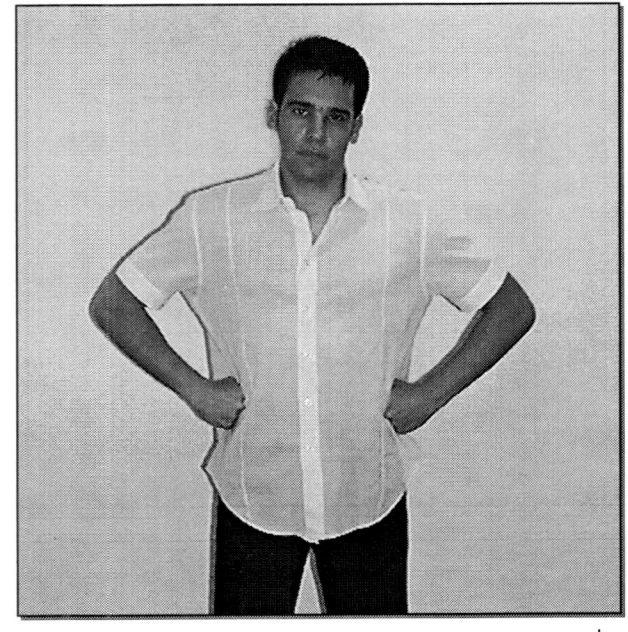

Beide Hände werden in die Seite gestemmt.

4.1.18 Beide Arme liegen unter dem Tisch

Die Person fühlt sich in der augenblicklichen Lage nicht sehr wohl. Vielleicht ist sie nervös und gehemmt.

Sie versteckt die Hände unter der Tischplatte, damit das Gegenüber nicht an möglicherweise verkrampften Fingern die innere Angespanntheit erkennen kann.

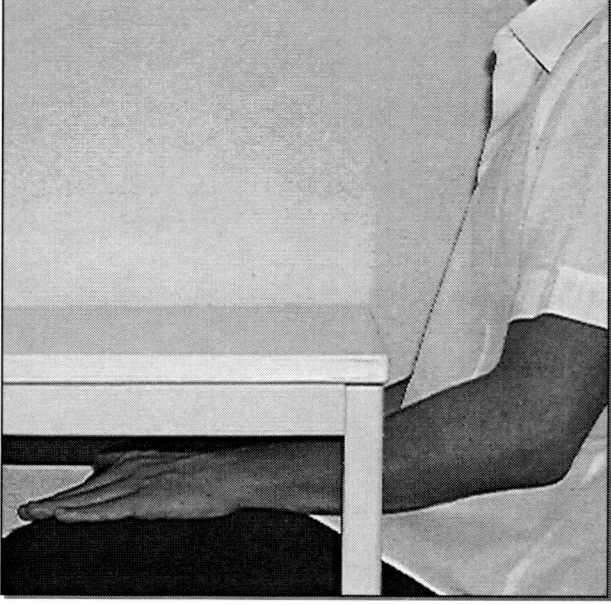

Beide Arme liegen auf den Schenkeln. Die Hände sind unter der Tischplatte versteckt.

4.1.19 Die Armmuskeln spielen lassen

Die Person will zeigen, wie stark sie ist. Im Gespräch wird diese Gestik meist nur scherzhaft eingesetzt.

Der Arm wird hochgehoben und die Muskeln werden gezeigt.

4.1.20 Beide Unterarme liegen auf dem Tisch

Da die Arme nicht blockieren, deuten sie eine offene Körperhaltung an, die allerdings bei Gefahr recht schnell geschlossen werden kann.

Die Person ist uneingeschränkt aufmerksam und hat nichts zu verbergen.

Diese Körperhaltung ist für das Gespräch positiv.

Beide Unterarme liegen parallel zueinander auf der Tischplatte. Die Hände liegen auf den Handkanten und zeigen in Richtung des Gesprächspartner.

4.2.1 Mit dem Schreibstift spielen

Der Zuhörer ist gedanklich abwesend oder aber nervös und verkrampft. Möglicherweise liegt auch etwas Angst vor. Zeigt die Bleistiftspitze zum Gegenüber, ist mit einem Angriff zu rechnen. Zeigt sie jedoch auf den Zuhörer selbst, bezieht sie die folgende Aussage auf sich. Eine egoistische Betonung kann in diesem Falle vorliegen.

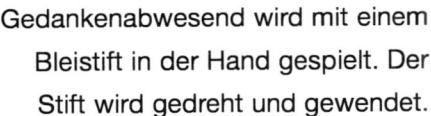
Gedankenabwesend wird mit einem Bleistift in der Hand gespielt. Der Stift wird gedreht und gewendet.

4.2.2 Die Hand zur Faust ballen

Der Zuhörer hält im Augenblick seine Erregung zurück. Er ist wütend, möchte „draufhauen". Mit einem verbalen Angriff ist zu rechnen.

Eine Hand wird zur Faust geballt.

4.2.3 Die Hände in die Hüften stemmen

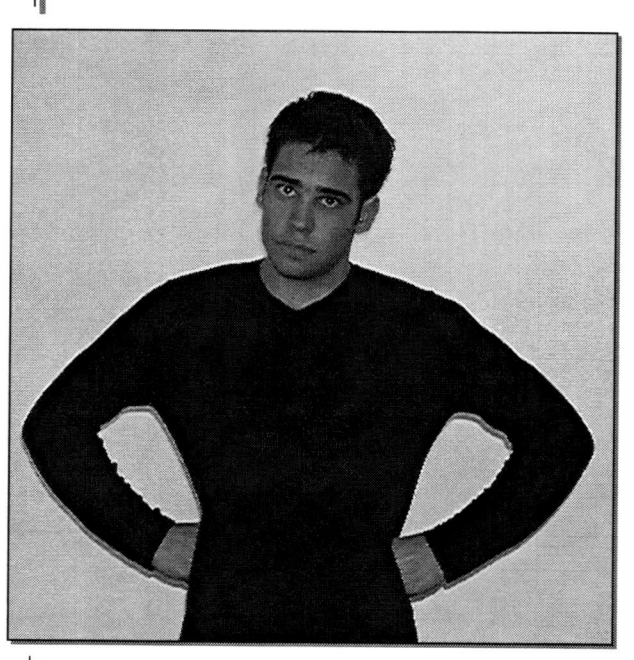

Der Zuhörer versucht, sich stärker und größer zu machen, als er ist. Gleichzeitig hält er sich an sich selbst fest. Zum einen entspricht sein Verhalten einem Imponiergehabe, zum anderen wird Entrüstung ausgedrückt: „Also, das sage ich Dir aber!"

Stehend sind beide Hände
in die Hüften gestemmt.

4.2.4 Mit den Händen am Stuhl festklammern

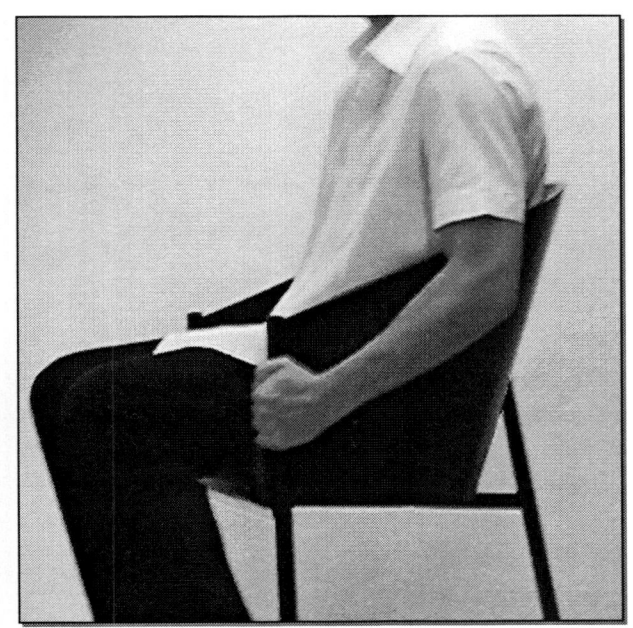

Die betroffene Person ist sehr nervös und unruhig. Sie versucht, ihre Anspannung zu verbergen, indem sie sich an der Sitzfläche schutzsuchend festklammert. Sie vermeidet damit, dass ihre Hände gesehen werden können, die die Anspannung verraten können.

Der Vortragende sollte versuchen, die angespannte Situation zu „entkrampfen". und eine „positive Atmosphäre" zu schaffen.

Die Person klammert sich mit einer oder beiden Händen an der Sitzfläche fest, auf der sie sitzt.

4.2.5 Eine Hand in die Hosentasche stecken

Dies soll lässig wirken. Möglicherweise wird eine ganz leichte Unsicherheit versteckt. Nach heutigen Umgangsformen ist diese Körperhaltung, wenn sie hin und wieder gezeigt wird, erlaubt; allerdings nicht, wenn ein Raum betreten wird. Der Zuhörer will zeigen, dass er sich relativ sicher fühlt.

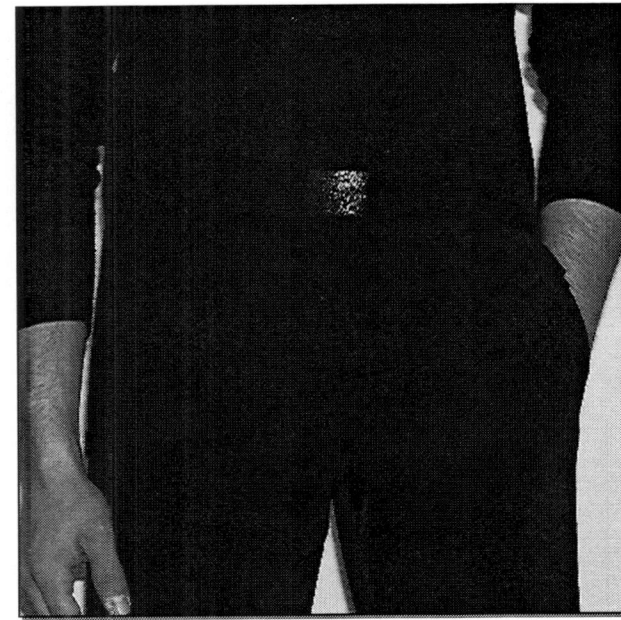

Eine Hand wird in die Hosentasche gesteckt.

4.2.6 Beide Hände in die Hosentaschen stecken

Nach heutigen Umgangsformen wird diese Körperhaltung als sehr unhöflich und arrogant gewertet. Die Person will zeigen, dass sie die Situation beherrscht, ist in Wirklichkeit aber wahrscheinlich sehr nervös. Der Vortragende könnte diesem Zuhörer z. B eine Unterlage reichen, damit zumindest eine Hand aus der Hosentasche genommen wird. Der Zuhörer kann sich dann an dieser Unterlage „festhalten".

Beide Hände sind in die Hosentaschen gesteckt.

4.2.7 Mit den Händen ein Spitzdach formen

Zeigen die Fingerspitzen beim Spitzdach nach oben, so kann diese Haltung Arroganz ausdrücken: „Jetzt höre mal zu!" Zeigen die Fingerspitzen des Daches zum Gegenüber, ist mit einem verbalen Angriff zu rechnen.

Die Fingerspitzen beider Hände werden aneinander gelegt, so dass eine Art „Spitzdach" entsteht.

4.2.8 Die Hände reiben

Die Person ist selbstsicher und gut gelaunt. Das Geschäft gilt als „gemacht". Eine typische Handbewegung bei Verkäufern, denen eben ein Geschäftsabschluss gelungen ist. Meist wird diese Handbewegung durch einen positiven Gesichtsausdruck, z. B. ein verschmitztes Lächeln, verstärkt. Im Gespräch ist diesem Zuhörer ein gutes Ergebnis gelungen. Dies ist positiv für den Vortragenden, sofern sich das Ergebnis auf den Gesprächsaufbau oder -inhalt bezieht.

Beide Hände werden aneinander gerieben.

4.2.9 Mit der flachen Hand auf den Tisch hauen

Die Person bekräftigt das, was sie soeben gesagt hat. „So ist das. So und nicht anders. Bis hierher und fertig." Lehnt sich die Person nach dieser Bewegung im Stuhl zurück, unterstreicht sie die Endgültigkeit der Aussage.

Mit einer flachen Hand wird auf die Tischfläche gehauen.

4.2.10 Die Hand bei der Begrüßung von oben geben

Dies ist eine sehr arrogante Haltung, bei der die Person zeigen möchte, dass sie ihrem Gegenüber überlegen ist.

Der Vortragende sollte diese Person „behutsam" vom „hohen Pferd" herunter holen.

Die rechte Hand wird bei der Begrüßung von oben gereicht, das heißt, der Gesprächspartner blickt auf den Handrücken der Hand.

4.2.11 Mit der Hand abwinken

Mit dieser Handbewegung wehrt der Zuhörer ab: „Nein, nein!", oder „Nicht mich nehmen!" Die Hand wird erhoben und leicht hin und her bewegt. Der Gesprächspartner sieht dabei die Handfläche des Zuhörers. Die Person möchte sich zu einem Thema nicht äußern. Möglicherweise wurde sie gerade aufgefordert, etwas zu tun, z.B. an einem Rollenspiel teilzunehmen o.ä.

Mit einer erhobenen Hand leicht abwinken.

4.2.12 Die Hand als Bug

Die Person bahnt sich mit dieser Handbewegung durch eine gedachte Menge. Dies geschieht entweder im Laufen, um sich Platz und Raum zum Durchgehen zu schaffen oder im Sitzen, um sich durch die im Raum stehenden Argumente „zu pflügen".

Eine Hand wird erhoben und zwar etwa bis zur Kopfhöhe. Das Gegenüber sieht die Handkante. Mit der Hand wird eine Vorwärtsbewegung angedeutet.

4.2.13 Mit den Fingern wedeln

Ein Zuhörer möchte eine Aussage in sich aufnehmen, kann sie aber im Moment noch nicht ganz verstehen und verarbeiten. Verbal übersetzt: „Was meinst Du mit Deiner Aussage?" oder „Was willst Du genau?" Eine gewisse Ungeduld beim Fragenden ist nicht zu übersehen. Der Vortragende sollte seine Ausführungen nochmals mit anderen Worten wiederholen.

Die geschlossenen Fingerspitzen einer Hand bewegen sich auf den Kopf zu und von dort dann abwechselnd aus dem Handgelenk auf und ab.

4.2.14 Küssen der Fingerspitzen

Bildlich gesehen, hat die Person gerade ihre Fingerspitzen geküßt und wirft diesen Kuss nun einer anderen Person oder dem Raum zu. Sie ist von einer Sache oder einer Aussage sehr überzeugt: „Erste Sahne", oder „Spitze". Dies ist positiv für die Stimmung im Gespräch.

Die geschlossenen Fingerspitzen bewegen sich vom Mund weg, dabei öffnen sich die Fingerspitzen.

4.2.15 Eine Hand hin und her drehen

Bei dieser Handbewegung sind die Fingerspitzen auf das Gegenüber gerichtet, was als gewisser Angriff gedeutet werden könnte. Die Bewegung der Hand nach links und rechts deutet an, dass die gehörte Aussage nicht ganz akzeptiert wird. „Na, ich weiß nicht recht." Auch auf die Frage: „Wie geht es?" oder „Wie kommen Sie mit dieser Aufgabe voran?" sehen wir diese Handbewegung. Sie sagt dann aus: „So lala"; „Es geht so" In beiden Fällen sollte der Vortragende eine erneute Hilfestellung geben, indem er das Gesagte oder die gestellte Aufgabe in andere Worte fasst.

Die Hand, deren Fingerspitzen zum Gegenüber zeigen, steht zuerst senkrecht. Dann wird sie hin und her bewegt.

4.2.16 Eine Hand drehen

Eine Geste, die Zweifel anzeigt. „Ob das alles so stimmt, was ich gerade gehört habe?" Der Vortragende sollte seine Aussage mit anderen Worten wiederholen, dabei den Betroffenen im Auge behalten und eventuell direkt ansprechen und fragen, ob er anderer Meinung sei.

Die Hand befindet sich auf Kopfhöhe.
Sie wird dort hin und her gedreht.

4.2.17 Eine Hand fallen lassen

Da mit der Hand bildlich nach etwas geschlagen wird, ist diese Bewegung als eine abwehrende zu deuten: „Ach, geh weg, was soll ich damit?" Oder: „Das ist nicht mein Fall." In beiden Fällen sollte der Vortragende die Person beobachten und es sich als Ziel setzen, dass sie sich mit der Sache wieder positiv identifizieren kann.

Eine Hand, mit dem Handrücken oben, wird
mit leicht ausgestrecktem Arm fallen gelassen.

4.2.18 Mit einer Hand in die andere hacken

Dies ist eine deutlich aggressive Geste. Hier wird ein Argument „abgehackt". Die Aussage könnte sein: „Ich stelle klar"; „So ist es gemeint und nicht anders." Die Person zeigt, dass sie sich auf keine weitere Diskussion zu diesem Thema einlassen will. Steht ihre Meinung im krassen Widerspruch zu der des Vortragendes, sollte dieser im Moment nicht weiter darauf eingehen. Er könnte sagen: „Wollen wir diese Aussage einmal so im Raum stehen lassen."

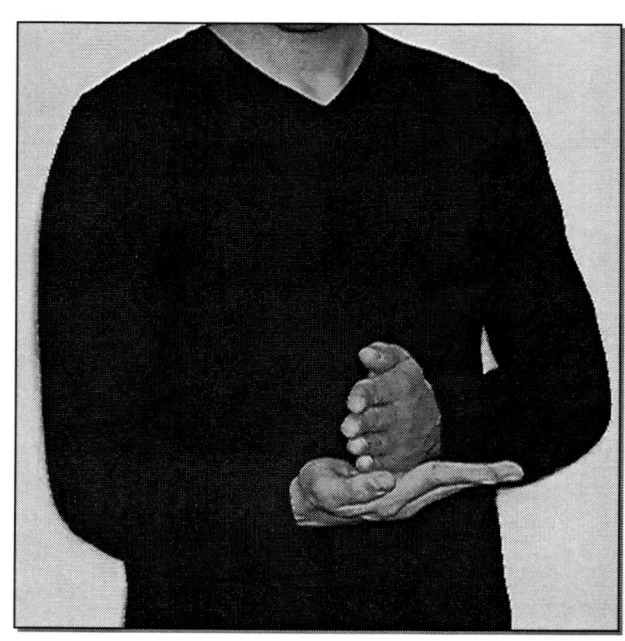

Mit einer Hand wird in die Handfläche der anderen „gehackt".

4.2.19 Mit einer Hand herbeiwinken

Mit einer Hand wird eine andere Person zu sich gewinkt. „Komme näher zu mir." Ein Zuhörer sagt z. B. während einer Gruppenarbeit zum Vortragende: „Könnten Sie bitte einmal kommen, wir haben eine Frage." Es ist eine neutrale bis positive Handbewegung.

Eine Hand wird etwas vom Körper entfernt gehalten, wobei die Handfläche nach oben zeigt. Die Hand winkt aus dem Handgelenk heraus nach oben.

4.2.20 Eine Hand hochwerfen

Bei dieser Geste wird etwas über die Schulter geworfen, die Person möchte es nicht mehr haben und wirft es weg. Es ist keine positive Geste, da in diesem Fall ein Beitrag oder ein Thema betroffen ist: „Nach mir die Sintflut." oder „Das geht euch alle nichts an." Ein gewisses Desinteresse ist vorhanden.

Mit einer Hand wird bildlich etwas über die Schulter geworfen.

4.2.21 Eine Hand ans Ohr halten

Diese Geste kann entweder bedeuten, dass jemand am Telefon gewünscht wird, oder dass die betroffene Person selbst telefonieren möchte. Manchmal wird auch nur der Zeigefinger das Ohr betonend ausgestreckt, als wolle er die Wählscheibe drehen.

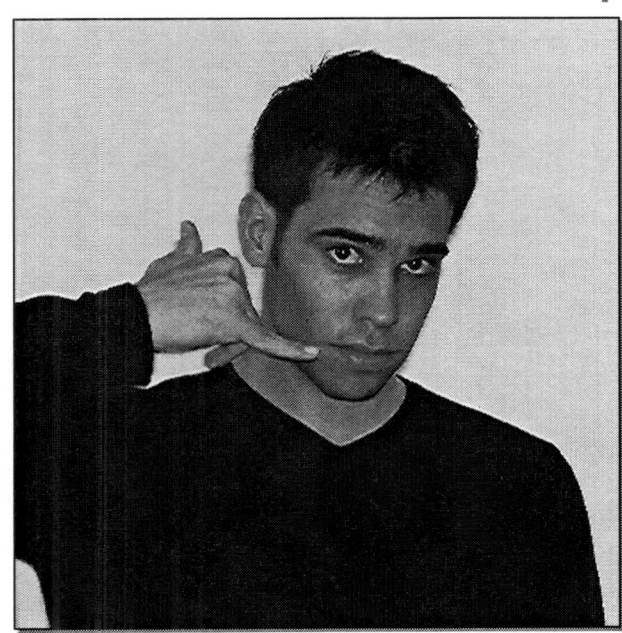

In den meisten Fällen wird die rechte Hand zum rechten Ohr geführt.

4.2.22 Eine Hand kreist am Kopf

Eine ähnliche Geste wie oben, aber mit ganz anderer Bedeutung: „Der/Die ist nicht ganz sauber im Kopf." Zu beobachten bei Zuhörern, die sich untereinander über einen anderen Zuhörer verständigen, der gerade spricht. Diese Geste stellt eine wichtige Information für den Vortragenden bezüglich der Gruppendynamik dar.

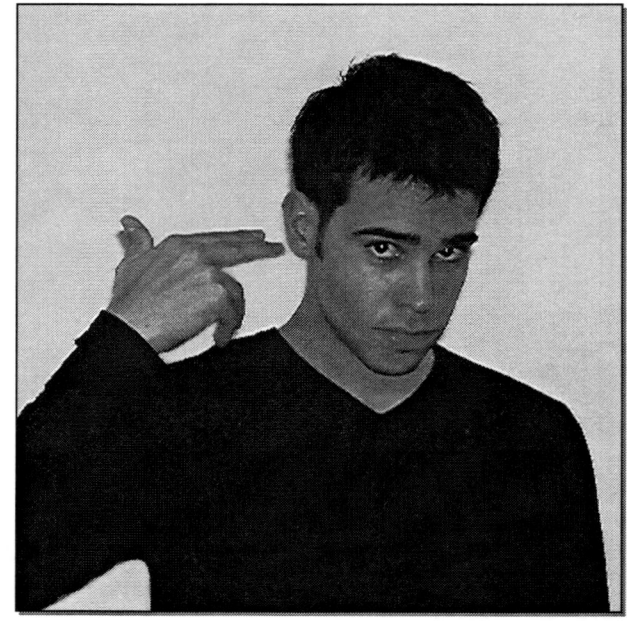

Eine Hand kreist in Schläfenhöhe.

4.2.23 Mit einer Hand eine Höhe abmessen

Der Zuhörer zeigt die Höhe bzw. Größe eines Gegenstandes oder einer Person an. „Etwa so hoch/groß". Dies ist eine neutrale und informative Geste.

Eine Hand wird mit dem Handrücken nach oben leicht ausgestreckt und zeigt eine Höhe bzw. Größe an.

4.2.24 Eine Hand vor dem Bauch nach oben bewegen

Die Hand bewegt sich vor dem eigenen Bauch. Ist die Auf- und Abbewegung gleich stark ausgeprägt, kann es etwa so übersetzt werden: „Ui ui, ui." Ist die Aufwärtsbewegung deutlicher ausgeprägt, heißt die Aussage eher: „Hau ab!"

Flache Hand – mit der Handfläche zum eigenen Körper – bewegt sich aus dem Handgelenk heraus nach oben und unten.

4.2.25 Eine Hand als Ring

Wird solch eine Geste benutzt, handelt es sich um eine positive Aussage: „In Ordnung." Der Zuhörer ist mit dem Beitrag oder dem Programm voll einverstanden. Eine sehr gute Stimmungslage für das Gespräch.

Zeigefinger und Daumen einer Hand bilden einen Ring. Eine Hand wird leicht erhoben.

4.2.26 Den Handring küssen

Die Fingerspitzen von den zum Ring geformten Daumen und Zeigefinger werden geküsst. Bezüglich des Gesagten oder Vollbrachten, ist es eine positive Geste, in die Umgangssprache folgendermaßen übersetzt: „Erste Sahne." Wird diese Geste benutzt, spiegelt sie die gute Stimmungslage im Gespräch wider und ist für die Zuhörer und den Vortragenden gleichermaßen positiv.

Zeigefinger und Daumen einer Hand bilden einen Ring. Dieser Ring wird an den zusammenliegenden Finger-/Daumenspitzen geküsst.

4.2.27 Mit der Hand salutieren

Mit der Hand zu salutieren, ist ein militärischer Gruß, der im Gespräch als gutgemeinter „Gag" eingesetzt wird. Die Person grüßt „erhaben unterwürfig" das Gegenüber. Sie zeigt damit „Unterwürfigkeit", Achtung vor dem Gegenüber und respektiert dessen Stellung als Vortragender. Keine negative Geste für den Sprechenden.

Die geschlossenen Fingerspitzen einer flach ausgestreckten Hand berühren andeutungsweise die Schläfe.

4.2.28 Auf die eigene Hand schlagen

Die Person „bestraft" sich selbst, indem sie sich auf die eigene Hand schlägt. „Na, das hätte ich nicht tun/sagen sollen." Sie erkennt, dass sie einen Fehler begangen hat. Für den Vortragenden hat dies keine negative Bedeutung.

Die obere Hand schlägt auf die leicht ausgestreckte untere Hand, deren Handrücken nach oben zeigt.

4.2.29 In die Hand schreiben

Bei dieser Geste sind mehrere Deutungen denkbar, z. B.:
- Die Person bittet um einen Schreibstift.
- Bei einer Verhandlung deutet die Person an, dass sie den Vertrag unterschreiben möchte.
- Im Restaurant zeigt der Gast, dass er die Rechnung begleichen, unterschreiben möchte.

Für den Sprechenden hat diese Geste eine neutrale bis positive Wertung.

Mit der rechten Hand wird eine schreibende Handlung angedeutet.

4.2.30 Eine Hand schwenken

Eine eher negative Aussage für den Sprechenden, denn die Person wehrt Gesagtes ab: „Ach, geh weg, damit will ich nichts zu tun haben." Oder: „Das ist nicht meine Sache, dafür bin ich nicht zuständig."

Der Sprechende sollte die Person weiter beobachten und versuchen, eine entspannte und positive Atmosphäre wieder herzustellen.

Die leicht ausgestreckte Hand mit dem Handrücken nach oben wehrt etwas ab.

4.2.31 Aus der Hand trinken

Der Zuhörer zeigt an, dass er Durst hat. Es ist möglicherweise an der Zeit, eine Pause einzulegen.

Eine Hand führt ein nicht vorhandenes Glas zum Mund.

4.2.32 Mit einer Hand ein Victory-Zeichen formen

Die Person zeigt, dass sie Frieden will und keine Angriffsstimmung vorhanden ist. Winston Churchill benutzte dieses Zeichen häufig in der Öffentlichkeit. Es ist eine neutrale bis positive Geste für den Sprechenden.

Victory-Zeichen: Zeige- und Mittelfinger der rechten Hand formen ein V-Zeichen. Dabei ist die Handfläche dem Gegenüber zugewendet.

4.2.33 Eine Hand vorstoßen

Die Fingerspitzen zum Gegenüber zeigen immer eine gewisse Aggression. Die stoßende Bewegung der Hand zum Gegenüber hin verstärkt diese Aussage: „Ich bleibe bei meiner Meinung", „Ich bestehe darauf, was ich gesagt habe." Die Geste muss nicht unbedingt negativ für den Sprechenden sein, da die von dem Zuhörer gemachte Aussage auch lediglich durch diese Handbewegung verstärkt sein könnte.

Die flache Hand, mit dem Handrücken nach oben, zielt mit geschlossenen Fingern auf das Gegenüber.

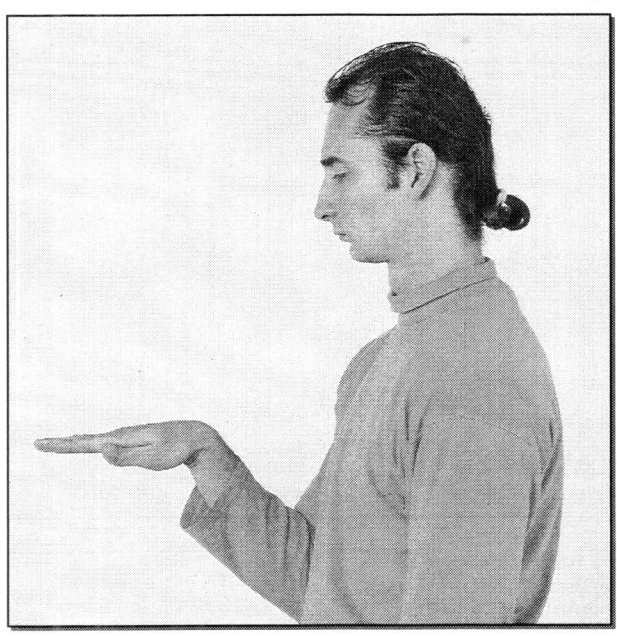

4.2.34 Beide Hände anheben

Diese Handbewegung wird oftmals durch einen fragenden Gesichtsausdruck verstärkt. Die Hände führen eine leichte Bewegung zur Person hin aus. Sie sagt: „Was weiß ich?" Die betroffene Person ist „sich keiner Schuld" bewusst.

Der Sprechende kann einen gewissen Grad von Desinteresse erkennen.

Beide Hände – mit den Handflächen nach oben – werden vor dem Körper angehoben. Dabei sind die Finger leicht nach oben gekrümmt.

4.2.35 Eine oder beide Hände anheben

Im Gegensatz zur Deutung 4.2.34 wird hier kein fragender Gesichtsausdruck gezeigt. Die betroffene Person erklärt etwas, zeigt aber durch die Handbewegung, dass sie in ihrer Aussage nicht eindeutig die Wahrheit spricht (Handbewegung: „Was weiß ich"). Um den Betroffenen nicht bloßzustellen, sollte der Sprechende behutsam nach etwaigen Gründen für die fehlende Ehrlichkeit bzw. Offenheit fragen.

Eine oder beide Hände werden, mit den Handflächen nach oben, vor dem Körper etwas angehoben, wobei die Finger leicht gekrümmt sind.

4.2.36 Mit einer Faust von unten in eine Hand schlagen

Diese Handbewegung kann als frauenfeindlich betrachtet werden, da sie Gewalt ausdrückt. Aus dem sexuellen Bereich kommend, werden hier rhythmische Bewegungen dargestellt.

Der Sprechende sollte den Zuhörer beobachten und darauf achten, dass keine feindseligen Äußerungen gegen Menschengruppen oder –rassen fallen.

Mit der Faust der einen Hand wird von unten gegen die Handfläche der anderen geschlagen.

4.2.37 Die Finger einer Hand bündeln

Der Zuhörer zeigt, dass er Hunger hat. Möglicherweise sollte eine Pause eingelegt werden.

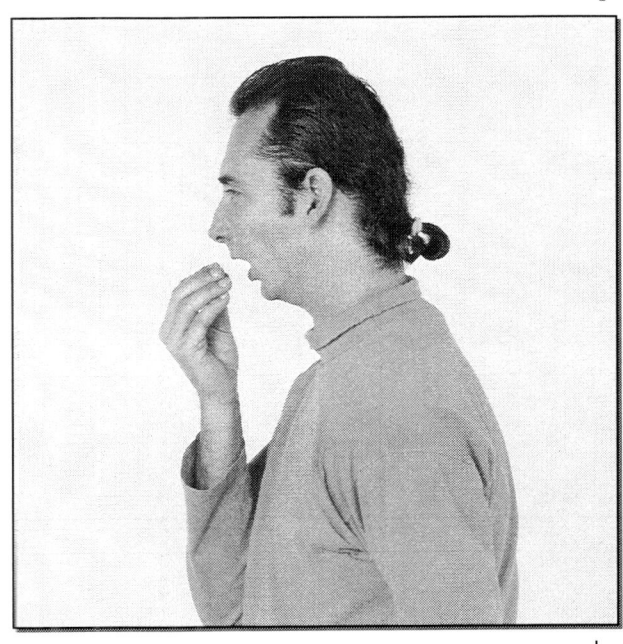

Die geschlossenen Finger einer Hand bewegen sich mehrmals aus dem Handgelenk heraus auf den leicht geöffneten Mund zu.

4.2.38 Mit einer Hand winken (1)

Eine Person winkt einer anderen freundlich zu: „Hallo, hier bin ich." Hierbei handelt es sich um eine durchaus positiv zu deutende Geste. Zum Sprechenden hin gewendet: „Hallo, nehmen Sie mich auch mal dran." Die Person wünscht, dass ihr Aufmerksamkeit geschenkt wird.

Mit der über den Kopf
erhobenen Hand winken.

4.2.39 Mit einer Hand winken (2)

Die Person winkt einer anderen Person zum Abschied zu. Es ist eine nette, persönliche Geste, die aussagt, dass sich die beiden Zuhörer mögen. Ein gutes Zeichen für ein Gespräch.

Mit der ausgestreckten Hand wird
einem anderen zugewinkt.

4.2.40 Mit den Händen würgen

Beide Hände würgen den fiktiven Hals eines Gesprächspartners. Dies ist eine sehr aggressive Geste: „Den könnte ich würgen/umbringen."

Der Sprechende sollte unbedingt klären, woher diese Aggression stammt und versuchen, wieder eine neutrale bis positive Stimmung zu erreichen.

Beide Hände sind im „Würgegriff" vor den eigenen Körper gehalten. Die Finger beider Hände berühren sich fast.

4.2.41 Die Hände ringen

Die Person bittet um Hilfe: „Bitte hilf mir, ich weiß nicht weiter." Der Sprechende sollte dem betroffenen Zuhörer hilfreich zur Seite stehen.

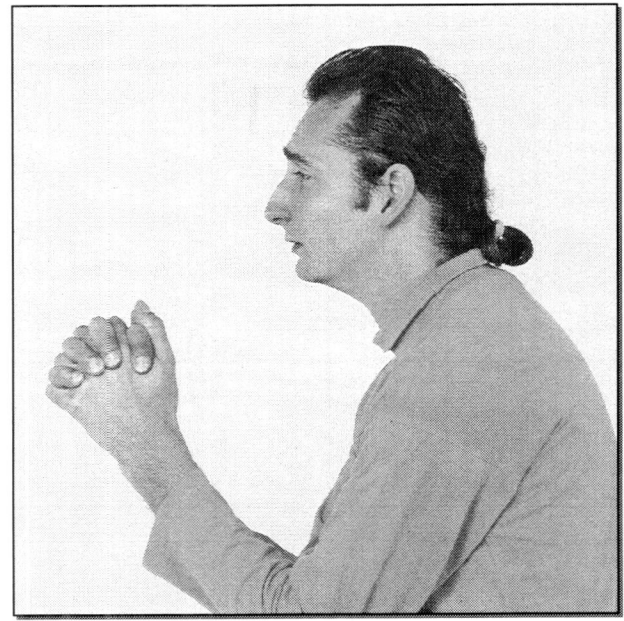

Die Hände sind wie beim Beten ineinander gelegt.

4.2.42 Die vor der Brust gekreuzten Arme öffnen

Erst ist ein Schutz der eigenen Person zu erkennen, dann das befreiende Wegreißen vom Körper. Diese Körperbewegung deutet eine endgültige Bewegung an und kann übersetzt werden mit: „Jetzt ist Schluss." „Nicht weiter mit dieser Sache."

Der Sprechende sollte prüfen, inwieweit diese Bewegung den Gesprächsablauf betrifft. Möglicherweise gibt es Unstimmigkeiten zwischen Zuhörern und Sprechenden.

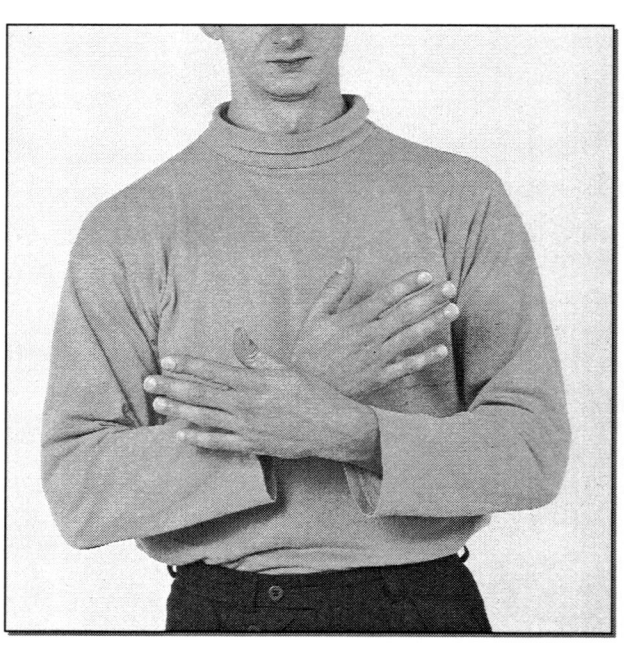

Beide Arme kreuzen sich in Höhe der Unterarme vor der Brust. Dann werden sie nach außen weggerissen.

4.2.43 Die Hände schütteln

Das gegenseitige Händegeben erzeugt Nähe und Intimität. Personen, die sich nicht mögen, geben sich möglichst auch nicht die Hände. Um eine gute, „warme" Stimmung im Gespräch zu erhalten, empfiehlt es sich, dass der Sprechende möglichst gleich zu Beginn eines Gesprächs eine aktive Vorstellungsübung einbaut, bei der sich die Zuhörer per Handschlag begrüßen.

Zwei Gegenüberstehende reichen sich die Hände

4.2.44 Mit den Händen eine Schere bilden

Dies ist eine abwehrende Körperhaltung. „Nein, danke, nicht für mich." Oder: „Nein, ich will nicht mehr."

Der Sprechende sollte prüfen, ob sich die Person unwohl oder ängstlich fühlt. Vielleicht ist sie auch überfordert.

Die Hände kreuzen sich in Handgelenkhöhe vor der Brust und die Handflächen zeigen zum Gesprächspartner. Die Hände öffnen und schließen sich mehrmals.

4.2.45 In die Handfläche boxen

Dies ist eine leicht aggressive Handbewegung. „Na, dem werde ich es jetzt zeigen." Oder: „Das wollen wir mal sehen." Sehr wahrscheinlich wird der Zuhörer Taten folgen lassen, die der Sprechende in eine für alle angenehmere Bahn zu lenken versuchen sollte.

Eine Hand boxt in die Handfläche der anderen Hand.

4.2.46 Jemandem die Handflächen entgegenstrecken

Ein Zuhörer wendet sich hilfesuchend an sein Gegenüber. „Bitte hilf mir." Oder: „Ich flehe dich an."

Der Sprechende sollte versuchen, dieser Person im Rahmen seiner Möglichkeiten zu helfen. Diese Geste wird aber auch dann eingesetzt, wenn z. B. in einem Vortrag die vortragende Person verzweifelt nach einem Wort sucht oder Zustimmung bei den Zuschauern erbittet.

Beide nach oben zeigenden Handflächen werden dem Gegenüber entgegengestreckt.

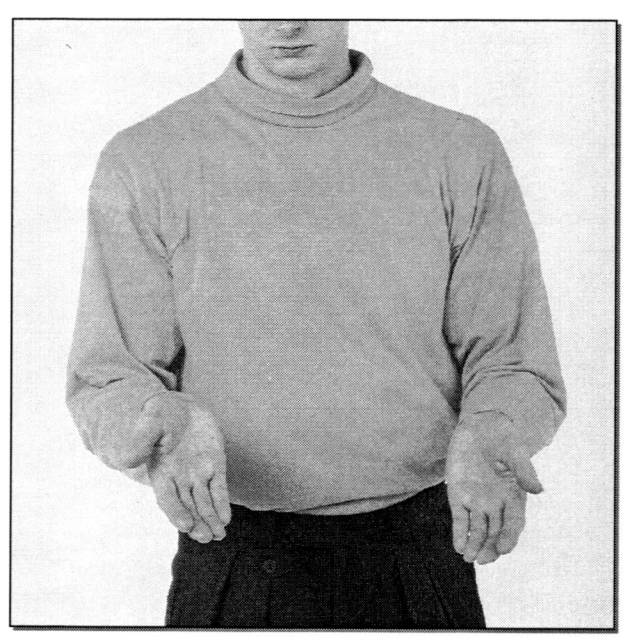

4.2.47 Die Handfläche küssen

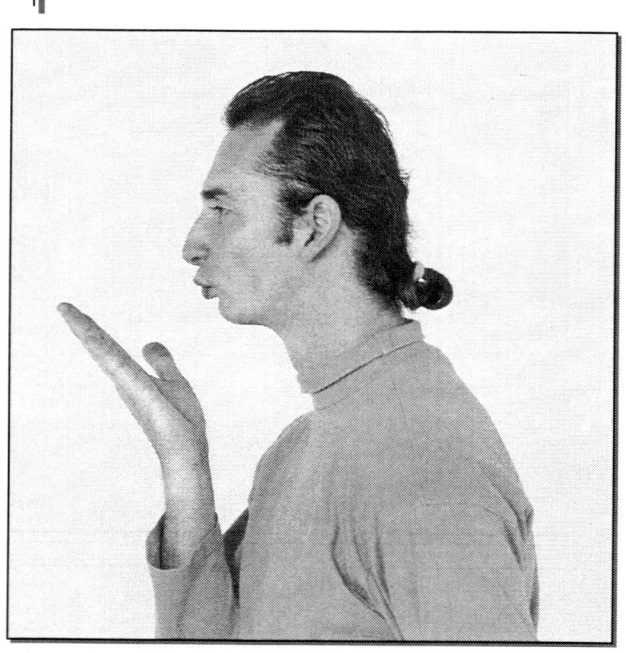

Die Person wirft einer anderen einen Handkuss zu. „Ich mag/liebe dich." Diese Geste hat keine negative Bedeutung für das Gespräch, außer wenn es sich als störend erweist. Z. B. dann, wenn zwei sich gegenübersitzende Zuhörer ausschließlich auf sich selbst konzentrieren.

Die Handfläche einer Hand wird geküsst und dann vom Mund entfernt.

4.2.48 Ein Daumen streicht über eine Handfläche

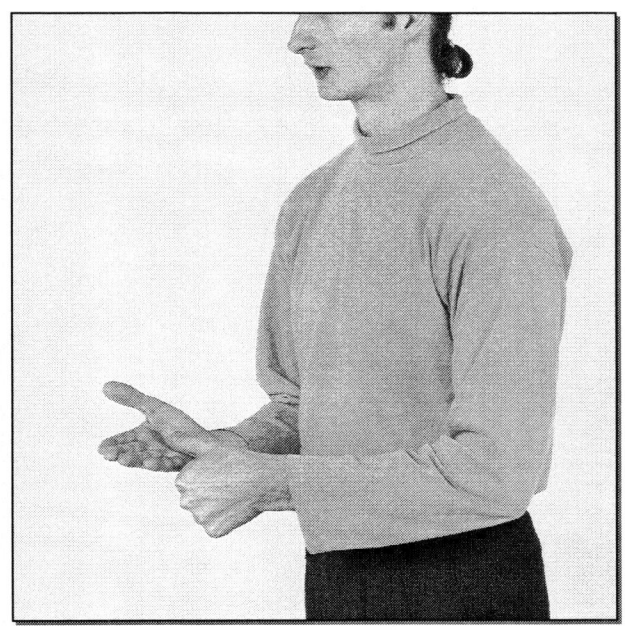

„Das geschieht Dir reicht." Oder: „Du musst zahlen." Eine gewisse humorvolle Art, seine Schadenfreude über eine anderen zu zeigen. Auf den weiteren Verlauf des Gesprächs hat diese Geste im allgemeinen keine negativen Auswirkungen.

Mit einem Daumen wird über die Handfläche der anderen Hand gefahren.

4.2.49 Handfläche und Kopf zeigen nach oben

„Lieber Gott, bitte hilf mir!" Diese Handbewegung ist eine Art Bettel-Geste, bei der die Person Hilfe und Unterstützung wünscht. Allerdings wird sie auch eingesetzt, wenn ein anderer Zuhörer etwas sagt, womit der Betroffene nicht einverstanden ist. Hier wird sich über den anderen Zuhörer lustig gemacht.

Der Sprechende sollte zum einen das Entstehen derartiger Situationen vermeiden und zum anderen auf die weitere Gruppenentwicklung achten.

Eine Hand wird mit der Handfläche nach oben vor den Körper gehalten. Dabei zeigt auch der Kopf nach oben.

4.2.50 Eine Handfläche zeigt nach oben

Dies ist eine fordernde und damit aggressive Geste. „Gib mir etwas!" Sie kann in einem Vortrag natürlich unterstützend eingesetzt werden.

Eine Hand wird mit der nach oben zeigenden Handfläche einer anderen Person hingehalten.

4.2.51 Mit einem Handballen eine Handfläche reiben

Bildlich gesehen wird hier gerade jemand zwischen Handballen und Handfläche zerdrückt oder zermalmt. Eine aggressive Geste, die übersetzt heißen mag: „Na, dem habe ich es aber gezeigt!"

Der Sprechende sollte lediglich darauf achten, dass sich keine Aggression im Gespräch aufbaut.

Der Handballen einer Hand reibt in der Handfläche der anderen.

4.2.52 Sich gegenseitig in die Handflächen schlagen

„Abgemacht – Vertrag gilt!" Ein positives Zeichen im Gespräch. Die beiden Gesprächspartner sind sich einer Sache einig. Sie haben einen Entschluss gefasst und durch den Handschlag besiegelt.

Zwei Personen, die sich gegenüber sitzen oder stehen, schlagen sich gegenseitig auf die Handflächen.

4.2.53 Die ausgestreckten Hände senken

Die ausgestreckten Hände zu senken, kann folgendermaßen übersetzt werden: „Nicht so schnell, eines nach dem anderen."

Der Sprechende sollte prüfen, ob er mit seinem Stoff zu schnell vorgegangen ist, so dass ihm ein oder mehrere Zuhörer nicht folgen können. Übt die Handbewegung ein Diskussionsleiter aus, will er die Gruppe zur Ordnung rufen und die Diskussionsbeiträge in eine Reihe bringen.

Beide Hände, mit nach unten zeigenden Handflächen, werden vor dem Körper langsam nach unten und oben bewegt.

4.2.54 Eine Handfläche zeigt nach vorn

Die nach vorn gerichtete Handfläche verdeutlicht eine abwehrende Haltung, mit der die Person zeigen will, dass sie nicht angegriffen werden will. Sie „schwört" die Wahrheit.

Die Handfläche der ausgestreckten rechten Hand zeigt in Kopfhöhe zum Gegenüber.

4.2.55 Die Handflächen abwischen

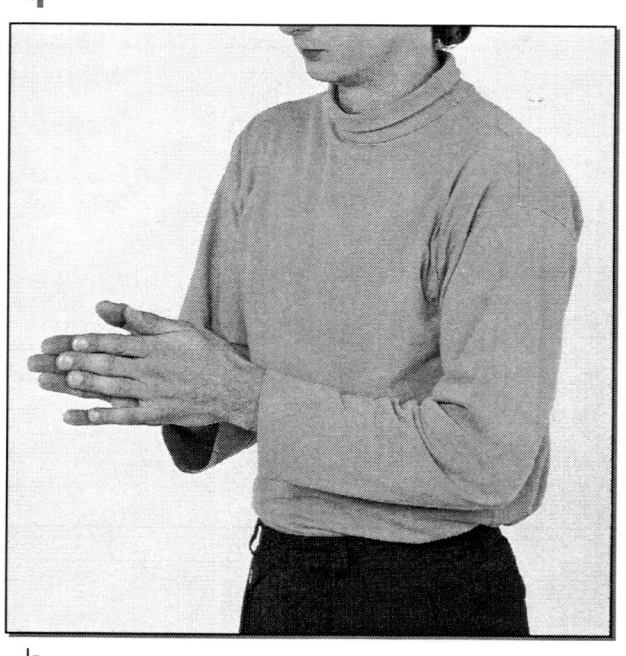

Die zum Gegenüber zeigenden Fingerspitzen beinhalten einen leichten, versteckten Angriff. Die aneinanderliegenden Handflächen werden mit einer Wischbewegung hin und her bewegt, womit gezeigt werden soll, dass die Person „ihre Hände in Unschuld wäscht" und in dieser Angelegenheit keinen Angriff auf sich wünscht.

Die Handflächen werden aneinander gerieben. Dabei zeigen die Fingerspitzen zum Gegenüber, die Handkanten nach unten.

4.2.56 Die Handflächen aneinanderlegen

Die Person ist etwas nervös und sucht Verstärkung. Sie bittet den Gesprächspartner um Unterstützung. Sie „betet" den anderen an.

Der Sprechende sollte Hilfestellung im Rahmen seiner Möglichkeiten geben.

Beide Handflächen aneinanderlegen. Fingerspitzen zeigen nach vorn oben.

4.2.57 Die Daumen drücken

Die Person macht sich Mut, indem sie sich die Daumen drückt. Sie steht unmittelbar vor einer auszuführenden Aktion. Diese Handbewegung wird auch für andere eingesetzt: „Ich drücke dir die Daumen; ich wünsche Dir alles Glück." Eine neutrale bis positive Wertung für den Sprechenden. Diese angespannte Haltung sollte vom Sprechenden erkannt und eine angenehmere Atmosphäre geschaffen werden.

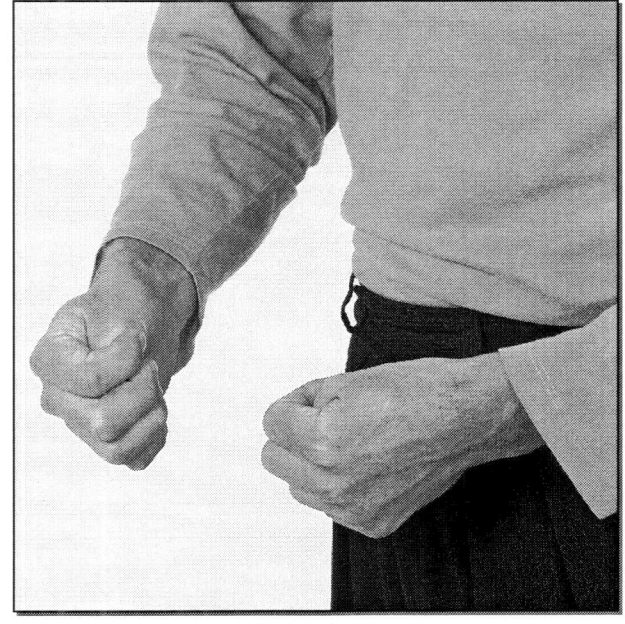

Beide Daumen werden in den Fäusten gedrückt.

4.2.58 Fäuste wringen

Diese Geste kann leicht aggressiv wirken, sofern sie nicht erkennbar scherzhaft eingesetzt wird. Sinnbildlich gesehen soll einem anderen „der Hals umgedreht" werden.

Der Sprechende sollte darauf achten, dass sich im Gespräch keine Aggressionen aufbauen.

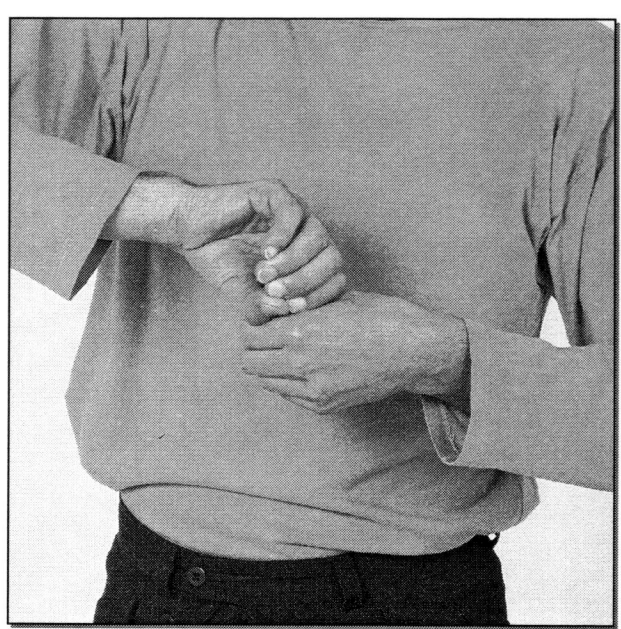

Beide Hände sind zur Faust geformt und werden gegeneinander gedreht. (So als solle ein nasses Tuch ausgewrungen werden).

4.2.59 Die Handflächen zeigen nach vorn

Da die Handflächen zum Gesprächspartner zeigen, ist eine abwehrende Haltung zu erkennen. Ein scheinbarer Angriff liegt vor, gegen den sich die betroffene Person wehren möchte. „Ich will nichts mit Dir zu tun haben." Auch als „Stop, komm mir nicht näher" zu werten.

Beide erhobenen Hände zeigen mit den Handflächen zum Gesprächspartner.

4.2.60 Die Hände ineinander reiben

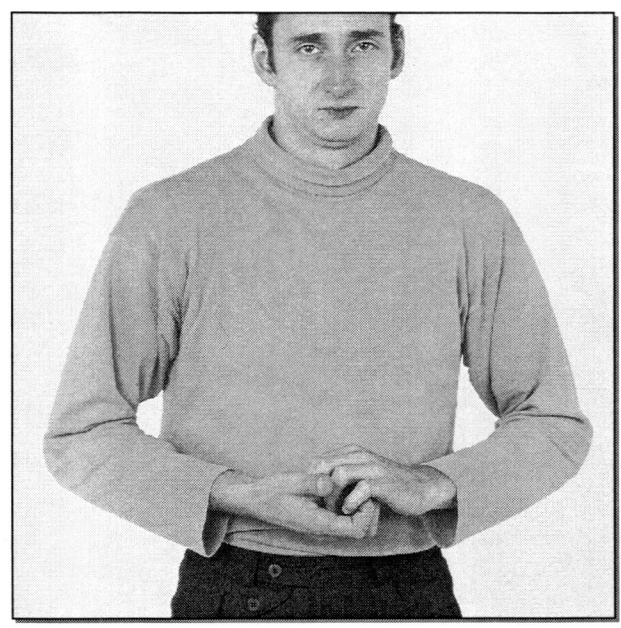

Dies ist zu deuten als Verlegenheitsgeste: „Ich weiß nicht, wie ich mich verhalten soll und was ich mit meinen Händen machen soll." „Es tut mir leid, was passiert ist. Ich kann nicht helfen."

Der Sprechende sollte hilfestellend eingreifen.

Die Hände sind leicht gewölbt und reiben ineinander.

4.2.61 Die Handflächen zeigen zum Körper

„Du bist mir herzlich willkommen!" Die Arme umschließen eine andere Person. Dies ist eine positiv zu wertende Geste.

Beide Hände sind weit vom Körper gestreckt und umarmen eine nicht vorhandene Person.

4.2.62 Die Handflächen vorstoßen

Mit dieser Bewegung wird eine Distanz von Körper zu Körper erzeugt. Die Hände werden weit weggestreckt. „Ich will nichts mit Dir zu tun haben!" Die Person versucht, Abstand von der Sache oder dem Gesagten zu erhalten.

Der Sprechende sollte versuchen, die betroffene Person möglichst schnell wieder zu integrieren.

Beide Hände sind parallel zueinander
weit vom Körper weggestreckt.

4.2.63 Eine Hand wird an der Körperseite gedreht

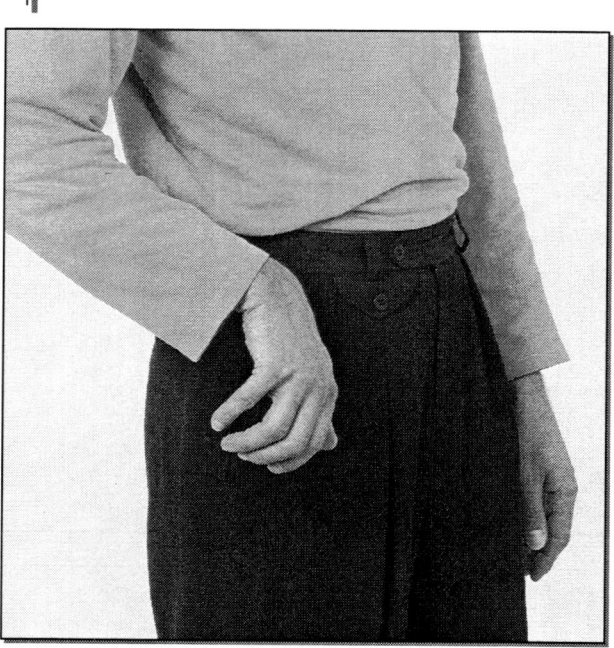

Mit dieser Handbewegung wird ein Diebstahl symbolisiert. Ein Gegenstand bzw. eine Idee werden gegriffen, wobei die Hand geöffnet ist, und weggenommen, die Finger umschließen das Diebesgut.

Eine Hand wird an der Körperseite gedreht,
wobei die Finger zuerst geöffnet sind und
sich im Laufe der Bewegung schließen.

4.2.64 Handgelenke überkreuzen

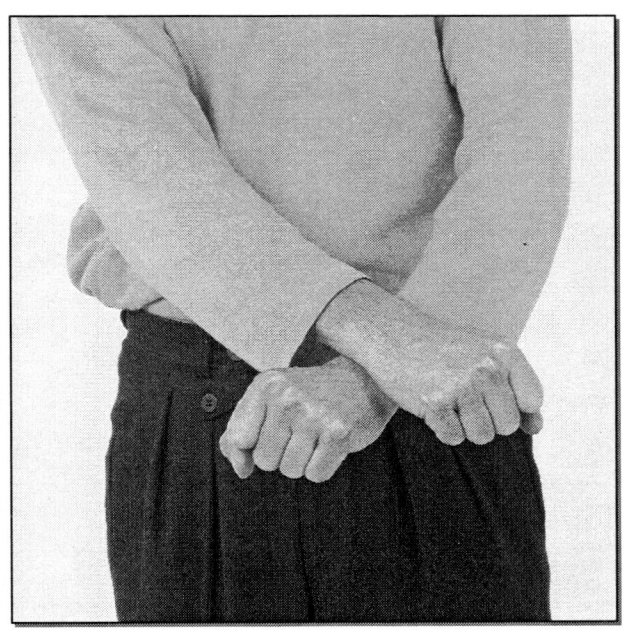

Die betroffene Person zeigt bildlich, dass sie sich vom Gegenüber gefangen fühlt. „Ich gebe mich in Deine Hände." Es wird hier also eine Art Unterwerfung gezeigt. Andererseits kann es aber auch eine Fesselung in einer Gedankenwelt sein, aus der der Betroffene nicht mehr herausfindet.

Beide Handgelenke werden überkreuzt und dem Gegenüber hingestreckt.

4.2.65 Ans Herz fassen

Hier sind wenigstens zwei Deutungen möglich. Nämlich: „Oh Gott, dass das mir passiert." Oder: „Ich sage die Wahrheit." In beiden Fällen ist ein kleines Missgeschick passiert. Im zweiten Falle wurde die Aussage der betroffenen Person offensichtlich angezweifelt.

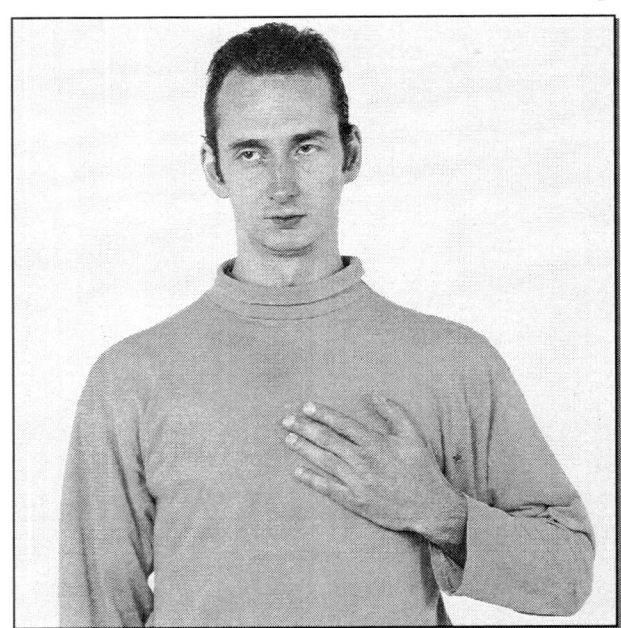

Eine Hand fasst an die linke Brustseite.

4.2.66 Die Kehle durchsägen

Die Person ist augenblicklich in einer gestressten und/oder schlechten Verfassung. Mit dieser Handgeste sagt sie aus: „Es steht mir bis hier." Sie hat also das Höchstmaß der unangenehmen Erfahrung erreicht. Ginge es weiter, würde sie „ertrinken".

Der Sprechende sollte im Rahmen seiner Möglichkeiten eine Hilfestellung geben, indem er Wege zum Ziel aufzeigt.

Mit der Daumenseite einer Handfläche an der Kehle vorbeifahren.

4.2.67 Die Kehle durchschneiden

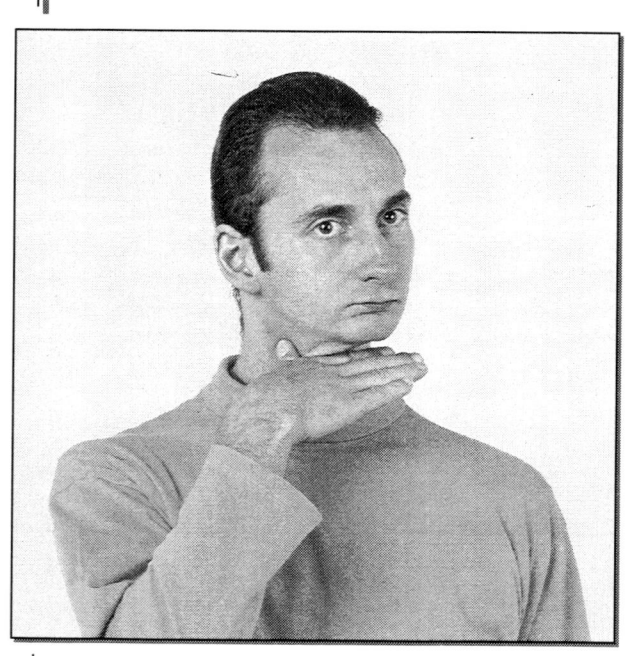

Hier möchte die Person offensichtlich einer anderen Person die „Kehle durchschneiden". Diese Körperbewegung ist deshalb als versteckt aggressiv zu deuten.

Der Sprechende sollte klären, wie und inwieweit sich eine entspannte Atmosphäre herstellen lässt.

Mit der Daumenseite einer Handfläche schnell und ruckartig am Hals vorbeifahren.

4.2.68 Die Kehle umklammern

Auch hier kann eine aggressive Haltung festgestellt werden: „Ich möchte Dich erwürgen." Andererseits kann dieses Erwürgen auch auf sich selbst bezogen werden, wenn die betroffene Person etwas Ungeschicktes getan hat, für das sie sich „bestrafen" möchte.

Mit einer Hand die eigene Kehle umklammern.

4.2.69 Die Hemdmanschette anfassen

Dies ist eine eindeutige Verlegenheitsgeste. Mit dieser Handbewegung wird eine fiktive Staubfluse vom Ärmel gewischt. Während dieser Bewegung sind beide Hände vor den Körper gehalten. Wie aus den anderen Kapiteln ersichtlich, bedeutet dies eine Schutz des eigenen Körpers: „Die anderen sollen meine Unsicherheit nicht erkennen." Oft zu sehen, wenn sich ein Zuhörer zu einem Podium bewegt oder einen weiteren Weg zu einer anderen Person zurücklegen muss.

Zeigefinger und Daumen einer Hand greifen kurz an die Manschette des anderes Arms.

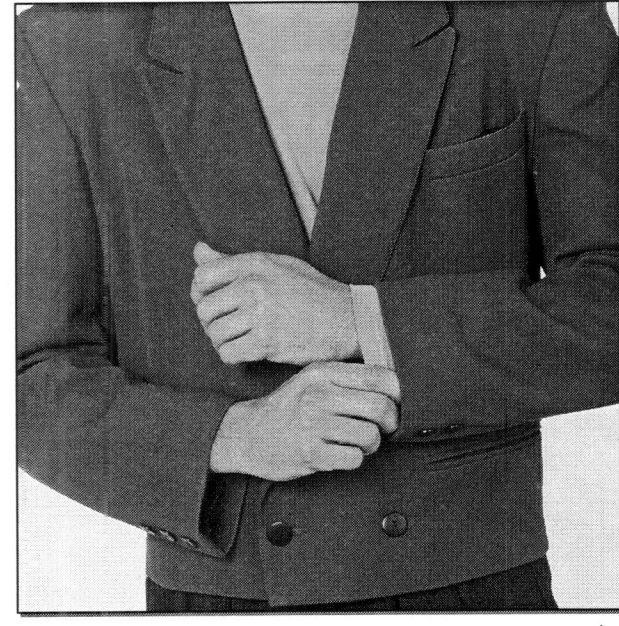

4.2.70 Eine Faust ballen

Das Ballen der Faust soll eindrucksvoll dokumentieren, wie stark jemand ist, und dass keine Angst vor einem Angriff besteht.

Eine Faust ballen, eventuell zeigen und leicht schütteln.

4.2.71 Eine Faust vor dem Mund drehen

Jemand, der sich eine Faust vor den Mund hält und diesen sinnbildlich verschließt, möchte etwas sagen, von dem er weiß, dass es nicht erlaubt ist. Die Drohung mit der Faust ist daher gegen sich selbst gerichtet.

Eine Faust wird einmal vor dem eigenen Mund gedreht.

4.2.72 Eine Faust in die Luft schlagen

Die Geste drückt in diesem Fall Stärke aus, da niemand tatsächlich geschlagen wird. Vor allem von Sportlern ist diese Ausdrucksform im Moment des Sieges bekannt. Wird die Geste im Gespräch benutzt, drückt sie eine positive Stimmung aus.

Mit einer Faust in die Luft schlagen.

4.2.73 Mit der Faust drohen

Das Drohen mit einer Faust ist ein eindeutig aggressives Zeichen. Droht in einem Gespräch einer der Zuhörer, sollte der Sprechende versuchen, die Situation in den Griff zu bekommen. Gelingt ihm dies nicht, bleibt ihm nur noch die Unterbrechung des Gesprächs.

Eine Faust wird dem Gegenüber drohend gezeigt.

4.2.74 Beide Fäuste über dem Kopf schütteln

Ein großes berauschendes Siegesgefühl: „Wie sind die Stärksten, wir haben gewonnen!" Diese Geste kann nach einer Gruppenarbeit von den Zuhörern erfolgen, wenn sich die Anspannung der Arbeit löst und sie erkennen, dass sie die „Sieger" sind. Im Gespräch ist es ein gutes Zeichen, sofern sich den anderen Zuhörern gegenüber keine Aggression aufbaut.

Beide Fäuste werden mit lang ausgestreckten Armen über dem Kopf geschüttelt.

4.3.1 Mit den Fingern trommeln

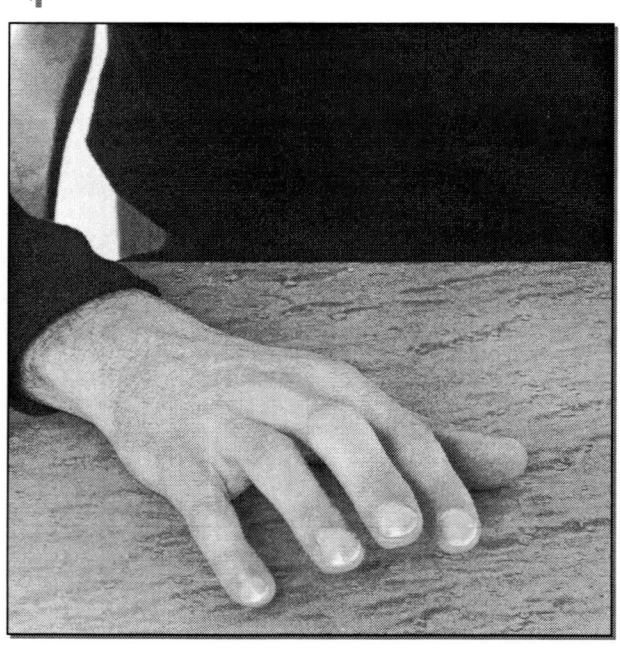

Die Person ist ungeduldig und nervös. Sie möchte etwas sagen und/oder in eine Diskussion eingreifen. Als Sprechender dieser Person möglichst schnell das Wort erteilen oder – wenn das nicht möglich ist – sagen, dass Sie sie gleich „aufrufen" werden. Erfolgt dieses Trommeln geistesabwesend, ist die Person mit den Gedanken woanders. Die Ungeduld bezieht sich dann auf den Gesprächsablauf und der Zuhörer möchte abbrechen oder aufstehen.

Mit den vier Fingern einer Hand wird auf der Tischplatte getrommelt.

4.3.2 Den Zeigefinger belehrend in die Höhe strecken

Jemand, der einen Zeigefinger in die Höhe streckt, möchte einen anderen belehren oder tadeln.

Als Sprechender diese Körperhaltung unbedingt vermeiden.

Der Zeigefinger einer Hand
zeigt senkrecht in die Luft.

4.3.3 Mit den Fingern schnipsen

Mehrere Deutungen sind möglich:
1. Einmaliges Schnipsen:
   „Ah, ich habe eine Idee." Oder: „Ja, jetzt ist mir etwas passendes eingefallen."
2. Zweimaliges Schnipsen:
   „Na, wo bleibt denn die Idee?"
3. Mehrmaliges Schnipsen:
   „Ich will zu Wort kommen."

Daumen, Zeige- und Mittelfinger erzeugen
ein „knallendes, floppendes" Geräusch.

4.3.4 Mit dem Zeigefinger auf den Tisch klopfen

Durch das klopfende Geräusch wird Aufmerksamkeit erregt, ein laufendes Gespräch möglicherweise unterbrochen. Mit diesem Klopfen verleiht die Person der eigenen Aussage mehr Nachdruck. Sie besteht auf ihrer Meinung. Offensichtlich ist sie sehr überzeugt von dem eben Gesagten.

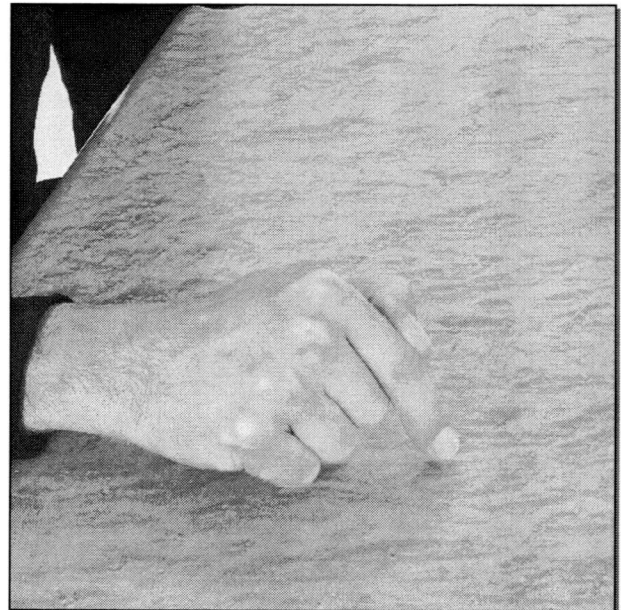

Mit einem Zeigefinger auf
die Tischplatte klopfen.

4.3.5 Die Fingerkuppen aneinanderpressen

Die Person möchte ihren Beitrag „auf den Punkt" bringen. Sie möchte präzisieren, zusammenfassen. Vielleicht: „Was ich sagen will, ist..."

Alle Fingerkuppen einer Hand
werden aneinandergedrückt.

4.3.6 Den Mittelfinger in die Höhe strecken

Eine aus dem Sport bekannt gewordene Geste, die jemand anderem zeigen soll, welche schlechte Meinung wir von ihm haben. Diese Körpersprache hat einen eindeutig sexuellen Hintergrund und ist im Gespräch unbedingt zu vermeiden.

Der Mittelfinger einer Hand zeigt senkrecht in die Höhe.

4.3.7 Finger und Daumen zum Kreis formen

Hierbei sind mehrere Deutungen denkbar:
1. „Ok, alles in Ordnung."
2. Jemand präzisiert seine Aussage: „Das ist so, wie ich sage..."
3. Negativ: „Du bist eine Null."

Zeigefinger und Daumen einer Hand berühren sich an den Spitzen und bilden einen Kreis.

4.3.8 Mit dem Zeigefinger auf jemanden deuten

Die Fingerspitze zielt angreifend auf eine andere Person. Es wird eine Art Beschuldigung ausgesprochen „Der da, der hat's getan." Oder: „Das, was DU gesagt hast, ist..."

Ein Sprechende sollte diese Handbewegung vermeiden, da er ansonsten zu belehrend wirkt.

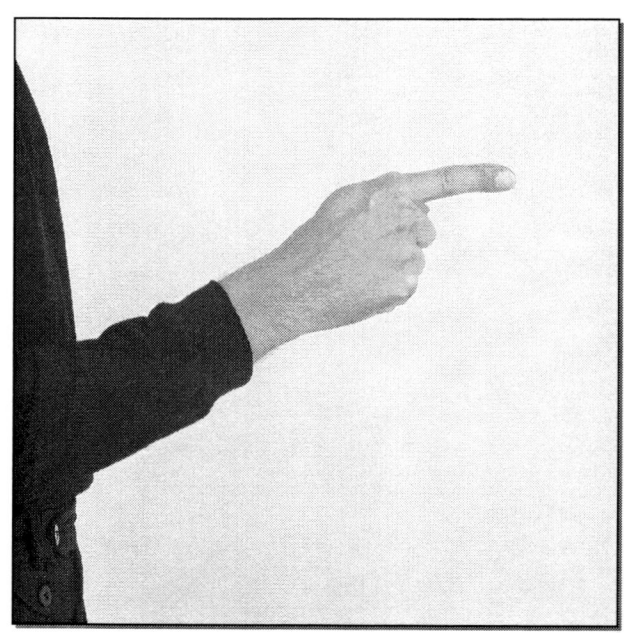

Mit dem Zeigefinger einer Hand
wird auf eine andere Person gezeigt.

4.3.9 Einen Finger zum Mund nehmen

Wird ein Finger an den Mund gehalten, sind zwei Deutungen möglich:

1. Schlägt die Person ihre Augen nieder und senkt dabei auch noch den Kopf, so liegt die Vermutung nahe, dass sie schüchtern und/oder unsicher ist.
2. Sieht die Person jedoch nach oben, wird sie eher nachdenken oder versuchen, sich an etwas zu erinnern.

Ein Zeigefinger liegt auf
der geschlossenen Unterlippe.

4.3.10 Mit dem Zeigefinger einen Bogen beschreiben

Deutet der kreisende Finger nach unten, möchte die Person etwas unterschreiben (Vertrag, Rechnung im Restaurant usw.). Zeigt der kreisende Finger nach vorn, zur Seite oder nach oben, bedeutet das: Morgen, später, in der Zukunft oder ähnliches. „Lassen Sie uns nächsten Montag nochmals darüber sprechen."

Mit dem Zeigefinger wird eine kreisende Bewegung vollführt. Dabei deutet der kreisende Finger auf die Tischplatte oder nach oben.

4.3.11 Mit dem ausgestreckten Zeigefinger auf eine Person zeigen

Dies ist eine sehr unhöfliche, anklagende Geste. Deutlich wird auf eine andere Person aufmerksam gemacht, um sie zu beschuldigen oder bloßzustellen. (Ähnlich wie 4.3.8, nur wesentlich stärker ausgeprägt)

Bei ausgestrecktem Arm wird mit dem Zeigefinger auf eine Person gezeigt.

4.3.12 Mit dem Zeigefinger auf etwas zeigen

Die Person zeigt deutlich auf einen Gegenstand. „DAS meine ich." Der Gegenstand, auf den gezeigt wird, befindet sich meist relativ weit von der zeigenden Person entfernt.

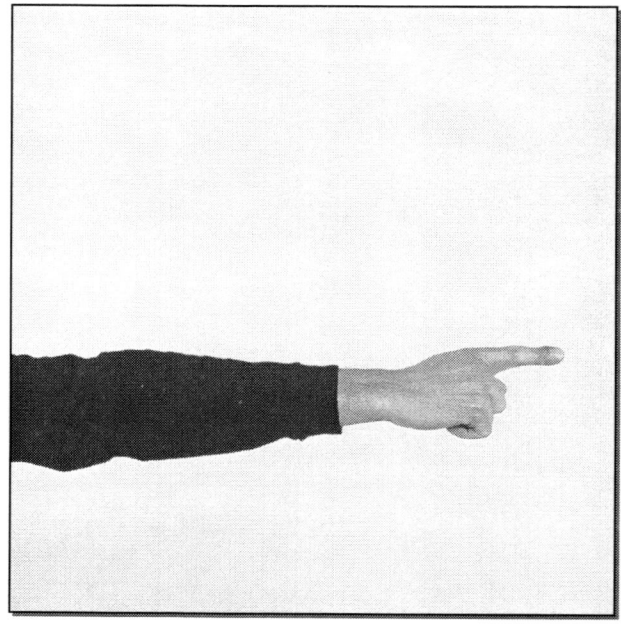

Mit dem Zeigefinger des ausgestreckten Arms auf einen Gegenstand zeigen.

4.3.13 Mit dem Zeigefinger drohen

Die Person spricht eine allgemeine Drohung aus: „Also, das eine sage ich Euch..." Auch anklagend wie: „Das, was Ihr getan habt, finde ich nicht richtig."

Der Zeigefinger einer Hand zeigt senkrecht nach oben. Der Gesprächspartner schaut auf die Außenseite der Hand. Der Zeigefinger wird vor und zurück bewegt.

4.3.14 Mit dem Zeigefinger melden

Ein Zuhörer meldet sich, um etwas zu sagen.

Ein Zeigefinger wird senkrecht in die Höhe gehalten, und der Handballen zeigt zum Gegenüber.

4.3.15 Den Zeigefinger weit nach oben strecken

Die Person zeigt an, dass sie die Nummer 1 ist. Diese Geste ist als Siegerpose zu verstehen.

Der Zeigefinger zeigt am ausgestreckten Arm weit nach oben, dabei wird die Hand aus dem Handgelenk heraus ein paarmal geschwenkt.

4.3.16 Mit den Knöcheln auf Holz klopfen

Ein Aberglaube sagt, dass auf Holz geklopft werden muss, um sich vor etwas Unerfreulichem zu schützen: „Es ist mir noch nie passiert, dass...“

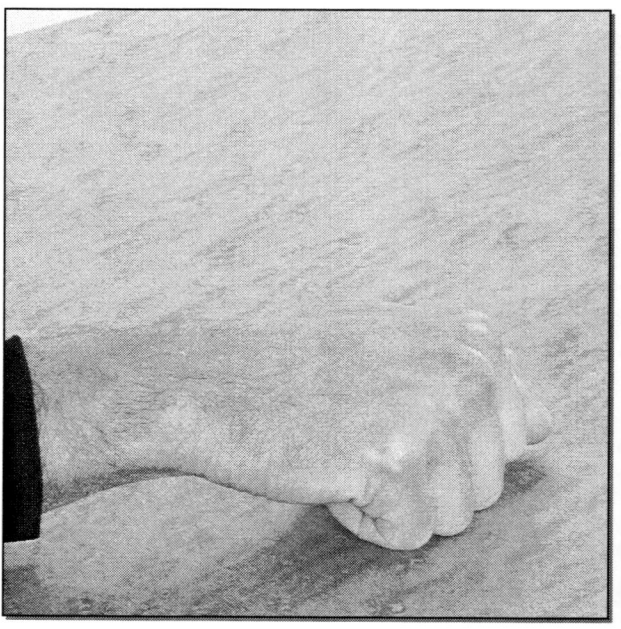

Mit den vier Fingerknöcheln einer Hand wird auf Holz geklopft.

4.3.17 Mit dem Zeigefinger jemanden herbeiwinken

Die Person winkt eine andere zu sich heran. „Komm nur näher heran...“

Mit dem Zeigefinger wird eine Person herangewinkt. Dabei sieht der Herangewinkte die Hand von vorn.

4.3.18 Zeigefinger auf Zeigefinger reiben

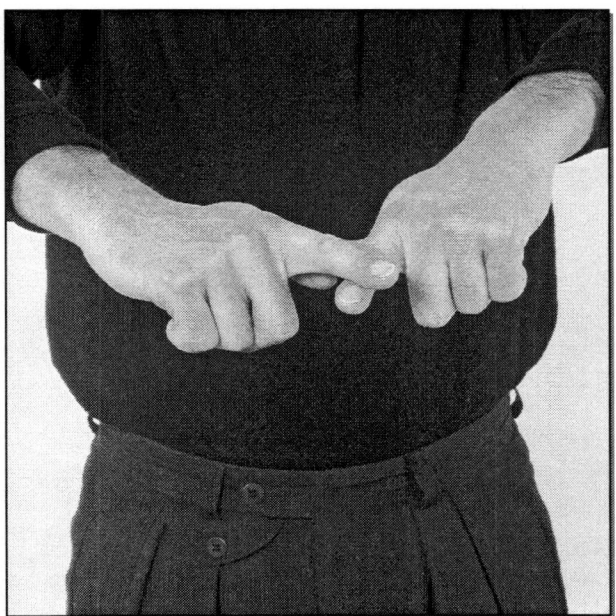

Die Person bringt eine Art Schadenfreude zum Ausdruck. „Ätsch, gut, dass das Dir passiert ist." Diese Geste wird im Gespräch eher scherzhaft verwendet.

Mit dem Zeigefinger einer Hand auf dem Zeigefinger der anderen Hand entlangfahren – und zwar mehrmals vom Handrücken aus Richtung Fingerspitze.

4.3.19 An einem Zeigefinger saugen

Die Person macht sich kleiner und jünger als sie ist. Wie ein Kind steckt sie den Finger in den Mund. Sie weiß, dass sie als Kind schwach und damit nicht so angreifbar ist wie ein Erwachsener. Die Haltung sagt aus: „Das weiß ich nicht, bitte tue mir nichts."

An dem in den Mund genommenen Zeigefinger wird gesaugt.

4.3.20 Den Zeigefinger hin und her bewegen

Hier wird eine Verneinung deutlich gemacht. „Nein, nein, das ist so nicht richtig." Oder „Tue das lieber nicht."

Den Zeigefinger hin und her bewegen, wobei das Gegenüber auf den Handballen schaut.

4.3. 21 Die Zeigefinger bewegen sich aufeinander zu

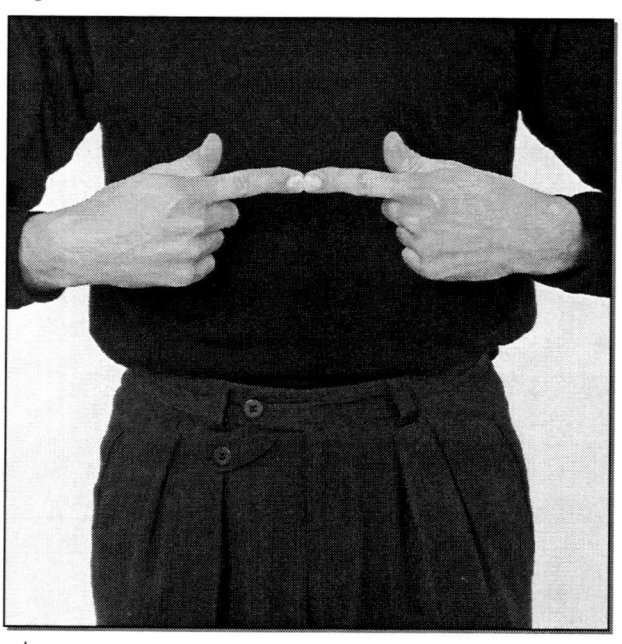

Die Person zeigt ein Problem auf. „Das Problem ist..." Durch das Aufeinandertreffen der Zeigefinger wird bildlich dargestellt, dass ein Fortbewegen der beiden Finger nicht möglich ist. Die Finger sind auf ein Hindernis, einen Widerstand oder auf ein Problem gestoßen.

Beide Zeigefinger bewegen sich aufeinander zu. Sobald sich die Spitzen berühren, bleiben die Finger eine Weile in dieser Haltung.

4.3.22 Zigarettenfinger

Es wird bildlich gezeigt, wie ein Raucher eine Zigarette zum Mund führt. Der Zuhörer möchte offensichtlich eine Zigarette rauchen.

Der Sprechende sollte darauf hinweisen, dass in absehbarer Zeit eine Zigarettenpause eingelegt wird.

Zeige- und Mittelfinger einer Hand bilden ein kleines „V" und bewegen sich auf den Mund zu.

4.3.23 Mit Zeige- und Mittelfinger zielen

Die Person „zielt" mit den Fingern auf eine andere Person, so als habe sie eine Pistole in der Hand. Zeige- und Mittelfinger bilden dabei den Lauf. Diese Handbewegung bedeutet: „Ich erschieße dich jetzt." Glücklicherweise wird diese Geste – wenn überhaupt – nur scherzhaft eingesetzt.

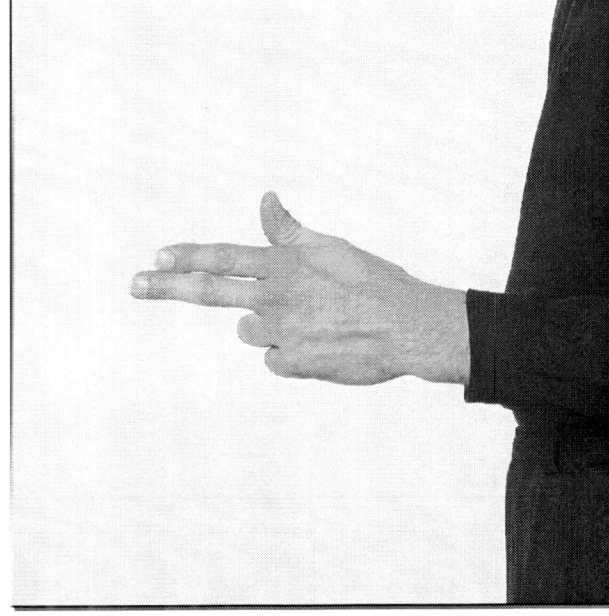

Zeige- und Mittelfinger liegen aneinander. Ausgestreckt zielen sie auf eine andere Person.

4.3.24 Den Daumen verstecken

Eine Geste sexueller Art, die im Gespräch unbedingt zu vermeiden ist. Manchmal wird beim Zeigen dieser Geste die Hand ein paarmal aus dem Handgelenk nach vorn und hinten bewegt.

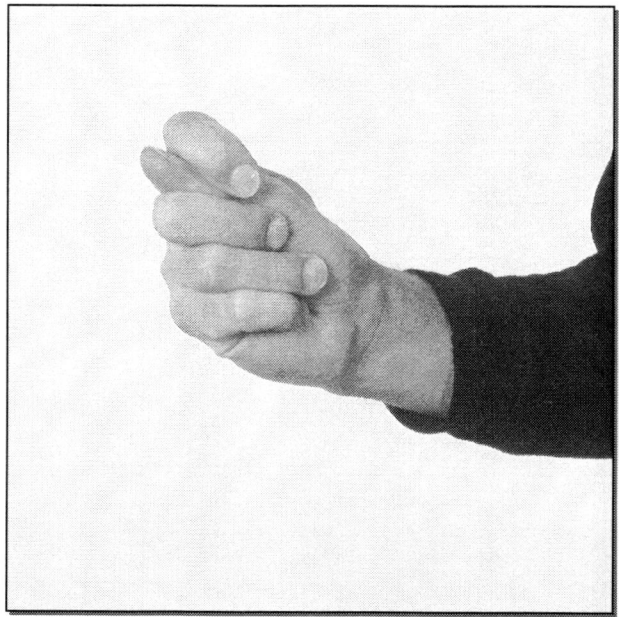

Der Daumen einer Hand wird gekrümmt zwischen Mittel- und Zeigefinger gesteckt.

4.3.25 Die Daumen drehen

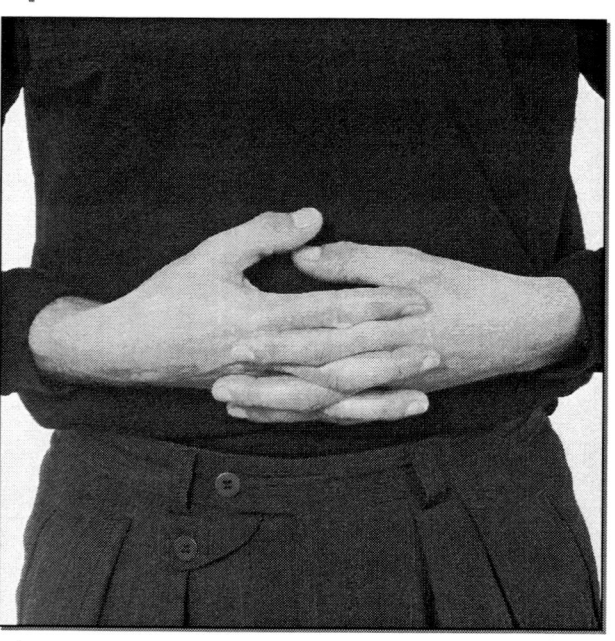

Hier wird das bekannte „Däumchendrehen" sichtbar. Der Zuhörer langweilt sich offensichtlich oder zeigt, dass er im Moment nichts zu tun hat. Der Sprechende sollte der betroffenen Person eine Aufgabe stellen.

Beide Hände sind ineinander verschränkt, wobei sich die Daumen umeinander drehen.

4.3.26 Der Daumen zeigt nach oben

Dies ist ein sehr positives Zeichen, das ein gutes Ergebnis anzeigt: „Das hast du gut gemacht." oder „Klasse – 1A." Eine gute Geste für das Gespräch.

Der Daumen einer Hand zeigt nach oben. Die anderen Finger sind gekrümmt auf die Handfläche gelegt.

4.3.27 Der Daumen zeigt nach unten

Mit dieser Geste wird ein negatives Ergebnis angezeigt: „Das, was Du gerade gemacht hast, war schlecht." Glücklicherweise müssen Zuhörer heute eine schlechte Leistung nicht mehr – wie zu Zeiten der Caesars, die diese Geste eifrig benutzten – mit dem Leben bezahlen.

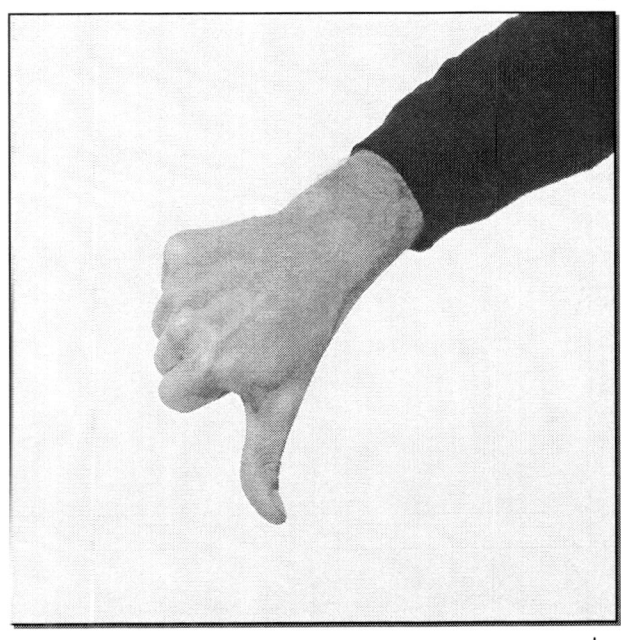

Der Daumen einer Hand zeigt nach unten. Die anderen Finger sind gekrümmt auf die Handfläche gelegt.

4.3.28 Am Daumen saugen

Die Person ist nervös und will sich klein machen. Wie ein Baby lutscht sie am Daumen. Sehr wahrscheinlich hat die Person gerade geschwindelt oder überlegt, wie sie aus einer prekären Lage herauskommen könnte.

Am Daumen einer Hand wird gesaugt.

4.3.29 Mit dem Daumen auf jemanden zeigen

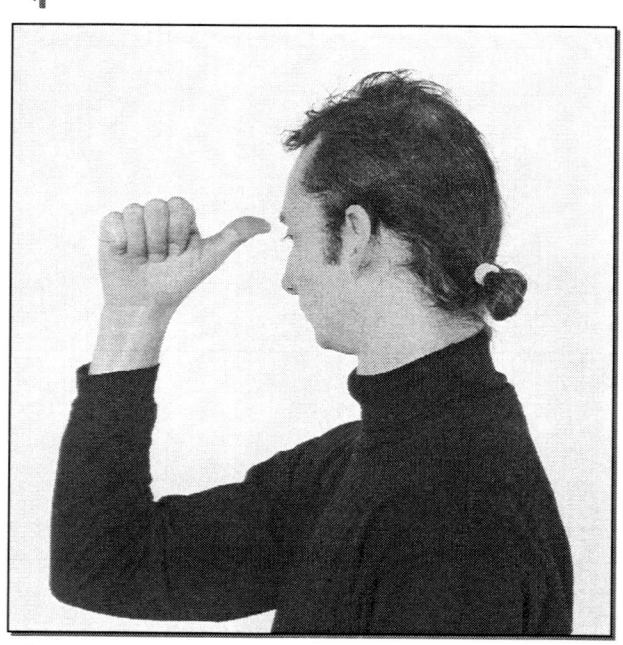

Dies ist eine abwertende Bewegung. „Der da hinten..." Die Person drückt durch diese Bewegung ihre Geringschätzung einer anderen Person gegenüber aus.

Mit dem Daumen einer Hand wird heftig, meist über die Schulter nach hinten, auf eine andere Person gezeigt.

4.3.30 Nägel beißen

Die Person ist nachdenklich, sagt nichts und reagiert ihre Angst durch Nägelkauen ab. Als Sprechender versuchen, eine angstfreie Situation herzustellen.

Die Fingerspitzen einer Hand liegen auf der Unterlippe. An den Fingernägeln wird gekaut.

4.3.31 Den Daumen an den Fingerspitzen reiben

Diese Handbewegung sagt aus, dass es Geld gibt, oder dass etwas viel Geld kostet.

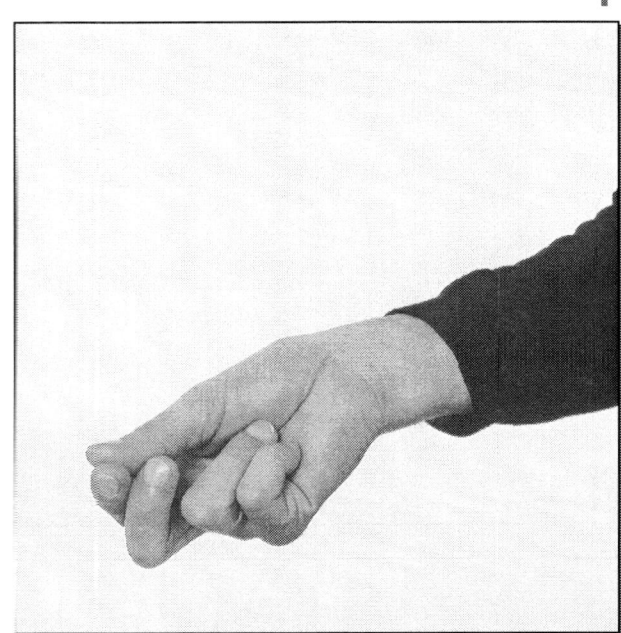

Mit dem Daumen wird an den Fingerkuppen des Zeige- und Mittelfingers derselben Hand mehrmals hin und her gefahren.

4.3.32 Mit den Fingern eine Kralle formen

Dies ist eine scherzhaft eingesetzte Bewegung, die in etwa aussagen will: „Ich bin ein Raubtier und würde Dich jetzt am liebsten krallen (fangen)..."Die Person ist offensichtlich nicht ganz einverstanden mit dem, was der Gesprächspartner gesagt oder getan hat.

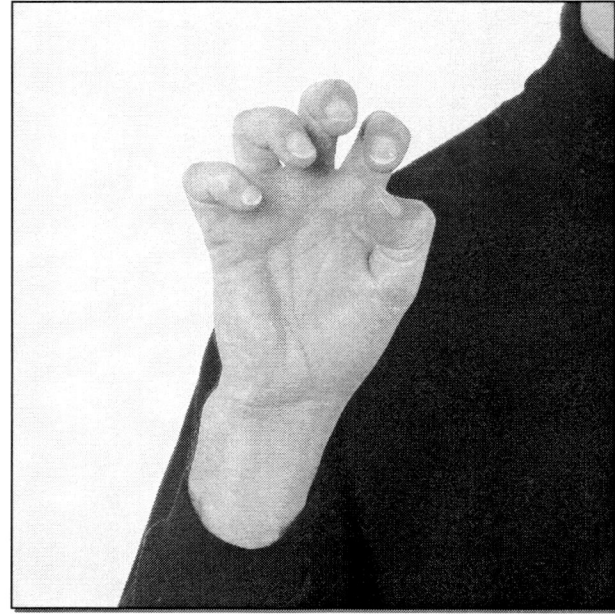

Mit den Fingern und dem Daumen einer Hand eine Art Kralle zeigen, diese zeigt auf den Gesprächspartner.

4.3.33 Mit den Fingern fächeln

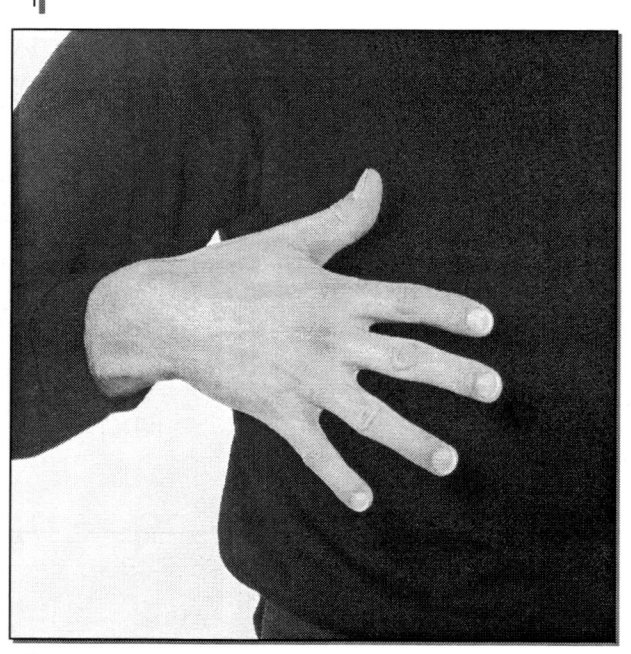

Die Person stellt bildlich dar, dass sie sich die Finger verbrannt hat. Sie werden nun durch das Fächeln in der Luft gekühlt. Einer Person ist etwas Peinliches passiert, oder sie muss etwas tun (zum Beispiel zum „bösen" Chef gehen), von dem sie weiß, dass dort eine Strafe zu erwarten ist. Übersetzt könnte diese Fingerhaltung sagen: „Au weia..."

Die Finger sind leicht gespreizt und fahren fächelnd am eigenen Körper entlang.

4.3.34 Die Finger schütteln

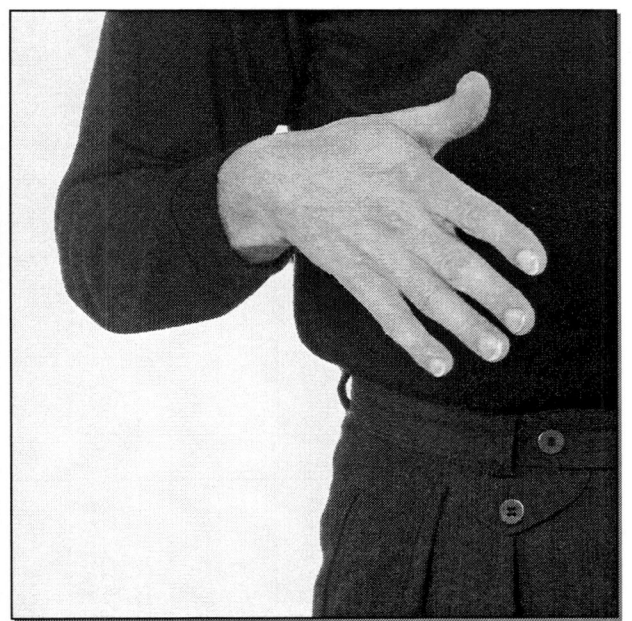

Die Person hat etwas getan, was sie rückgängig machen möchte. Sie möchte ihre Finger – mit denen sie die Sache begangen hat – wegwerfen. „Was habe ich nur getan?", könnte die Frage dazu sein.

Mit den Fingern einer Hand
vom Körper weg schütteln.

4.3.35 Mit den Fingern klappern

Diese Fingerbewegung stellt ein plapperndes Mundwerk dar. „Sagt viel, steckt aber nichts dahinter." Die Bewegung kann hinter dem Rücken der betroffenen Person ausgeführt werden oder direkt der Person gezeigt werden. Manchmal ist sie kombiniert mit der verbalen Aussage: „Quack, quack,"

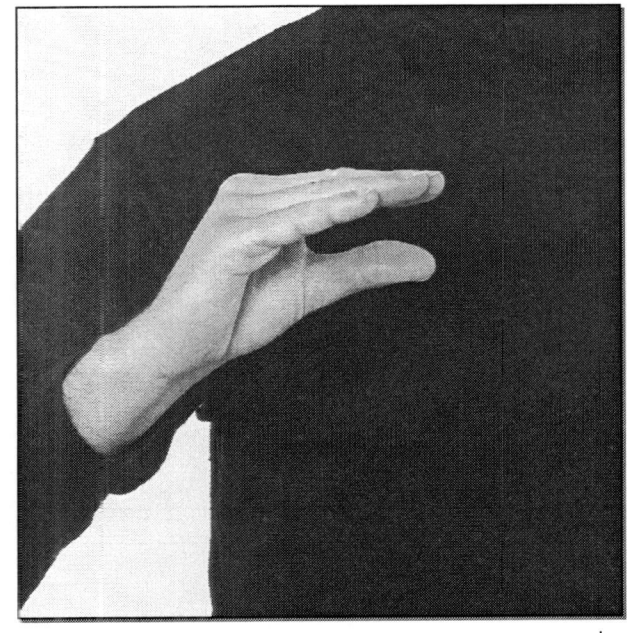

Alle Finger liegen parallel aneinander.
Mehrmals bewegen sie sich zusammen
auf den Daumen zu und wieder weg.

4.3.36 Mit zwei Fingern eine Schere formen

Diese Geste macht jemand heimlich hinter seinem Rücken, wenn er einem anderen nicht die Wahrheit sagt. Durch das Übereinanderlegen der Finger wird symbolisch ein Kreuz geformt, um den Schwindel bzw. die Sünde, zu schwindeln aufzuheben.

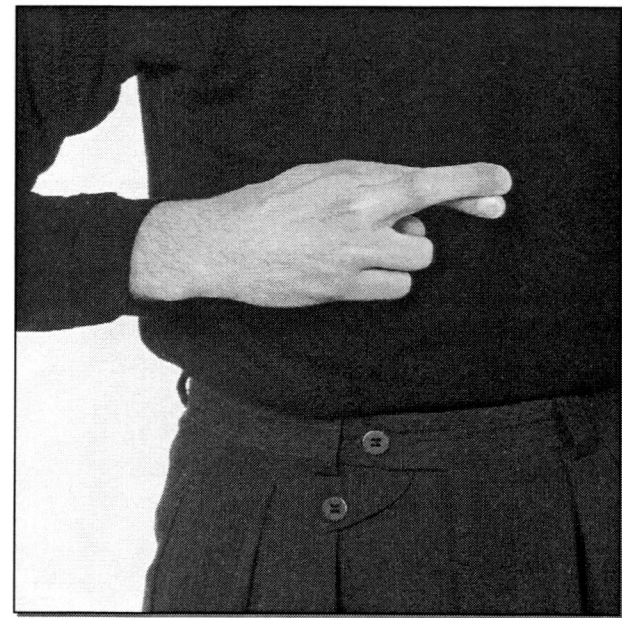

Zeige- und Mittelfinger einer
Hand werden übereinandergelegt.

4.3.37 Mit den Fingern winken

Mit dieser Fingerbewegung wird ein Winken dargestellt. Jemand wird freundlich verabschiedet. Es kann auch die scherzhafte Aussage „Und tschüss!" dargestellt sein. Zum Beispiel hat ein Zuhörer eine Aussage gemacht, die nicht besonders gelungen war. Die betroffene Person weiß das allerdings auch und gibt dies gegebenenfalls durch ein verlegenes Lächeln zu erkennen.

Eine Hand wird nach oben gehalten. Die Handfläche zeigt auf das Gegenüber und die vier Finger werden auf und zu „geklappt".

4.3.38 Die Fingernägel polieren

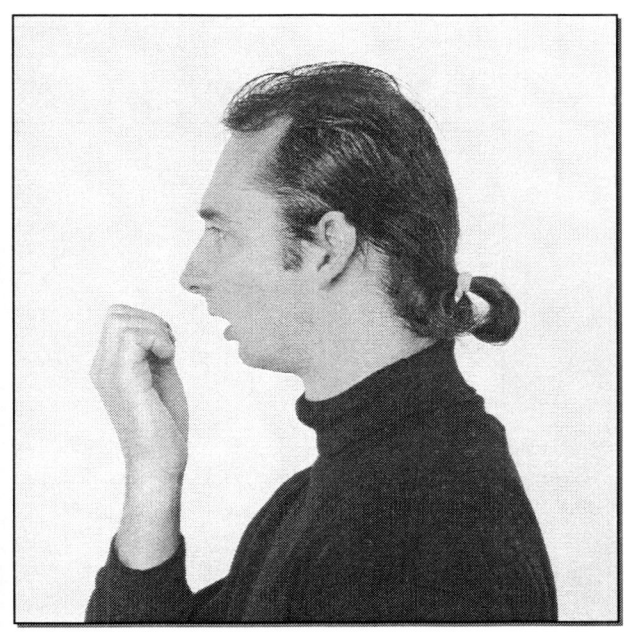

Hier zeigt die betroffene Person, dass sie sich schön macht. Sie pflegt ihre Fingernägel und gibt damit zu verstehen, dass sie es sich leisten kann, dieser Tätigkeit nachzugehen, während die anderen arbeiten oder denken müssen. Damit stellt sich die Person über die anderen, denn sie zeigt, dass sie viel schlauer als sie ist, denn sie kennt ja bereits die Lösung. Diese Geste wird scherzhaft und leicht übertrieben eingesetzt. Eine Hand wird mit gekrümmten Fingern vor den geöffneten Mund geführt. Nun werden die Fingernägel angehaucht und ggf. an der Kleidung poliert.

4.3.39 Eine Fingerspitze auf beide Lippen legen

Die Person signalisiert einer anderen Person, nichts zu verraten. Beide teilen ein Geheimnis. (Nicht zu verwechseln mit 4.3.9)

Der Zeigefinger liegt in der Mitte des Mundes auf den geschlossenen Lippen.

5.1.1 Die Beine übereinanderschlagen, zum Partner

Diese Körperhaltung wird positiv gedeutet und gewertet. Die Person sitzt entspannt und zeigt Sympathie in die Richtung, in die der Fuß des überkreuzten Beines zeigt. Zeigt der Fuß zum Vortragende ist dies als gutes Zeichen zu verstehen. Der Zuhörer ist offen zur Informationsaufnahme und dem Thema gegenüber positiv eingestellt. Es ist Sympathie vorhanden.

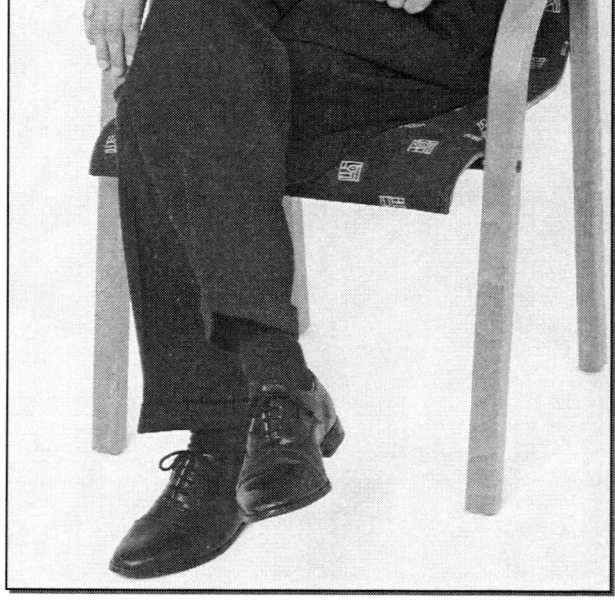

Ein Bein wird locker über das andere gelegt.
Die Fußspitze zeigt zum Partner.

5.1.2 Die Beine übereinanderschlagen, weg vom Partner

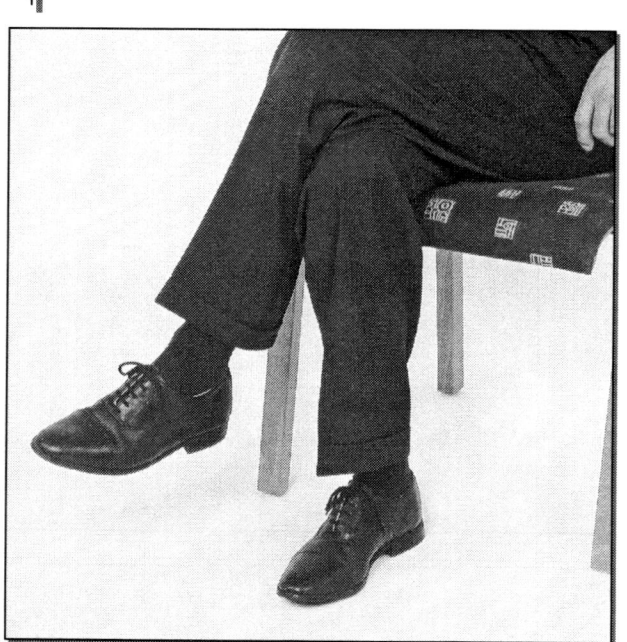

Diese Körperhaltung wird ebenfalls positiv gedeutet und gewertet. Die Person sitzt entspannt und zeigt grundsätzliche Sympathie. Ein gutes Zeichen für den Vortragenden, da der Zuhörer offen zur Atmosphäre und positiv zum Thema eingestellt ist.

Ein Bein wird locker über das andere gelegt.
Die Fußspitze zeigt vom Partner weg.

5.1.3 Die Beine sind verkrampft übereinandergeschlagen

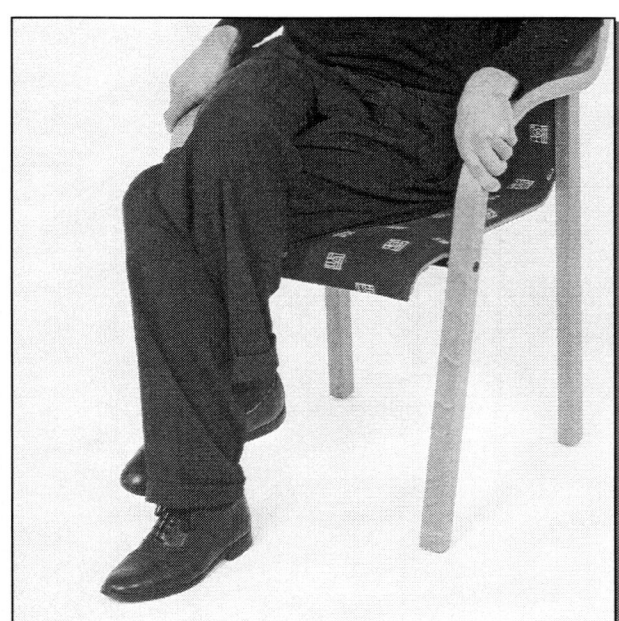

Die Person hält sich mit einem Bein am anderen fest. In der Regel liegt hier Unsicherheit vor. In ganz seltenen Fällen wird diese Körperhaltung bei Damen auch als entspannt gedeutet. Der Vortragende sollte im ersten Fall versuchen, eine angstfreie Atmosphäre aufzubauen, damit sich die betroffene Person entspannen kann.

Ein Bein ist enganliegend und verkrampft über das andere gelegt. Die Fußspitze des übergeschlagenen Beines ist hinter die Wade des anderen Beines gesteckt.

5.1.4 Im Sitzen die Beine weit von sich strecken

Diese Geste ist eine abweisende Haltung als Reaktion auf etwas Vorangegangenes. Je nachdem, wie weit der Oberkörper zurückgelehnt wird, versucht die Person, durch diese Körperhaltung Abstand zum Geschehen oder zum Vortragende zu erreichen. Der Vortragende sollte die Person im Auge behalten und überlegen, ob irgendeine Äußerung gemacht wurde, der diese Person nicht zustimmen kann.

Die Beine sind im Sitzen – parallel zueinander – weit von sich gestreckt. Gleichzeitig wird der Oberkörper nach hinten gelehnt.

5.1.5 Ein Fuß wird auf das andere Bein gelegt; das Knie zeigt zum Partner

Diese Körperhaltung wird als sehr negativ und abweisend gewertet. Zeigt das Knie zum Vortragende, so liegt eine Ablehnung gegen ihn und/oder dem Beitrag vor. Der Vortragende muss die Person im Auge behalten und überlegen, ob irgendeine Äußerung gemacht wurde, der diese Person nicht zustimmen kann.

Ein Bein hat einen festen Stand auf dem Boden. Das andere Bein ist auf dem ersten abgelegt, so dass der Fuß kurz oberhalb des Knies des ersten Beines zu liegen kommt. Das Knie zeigt zum Gesprächspartner.

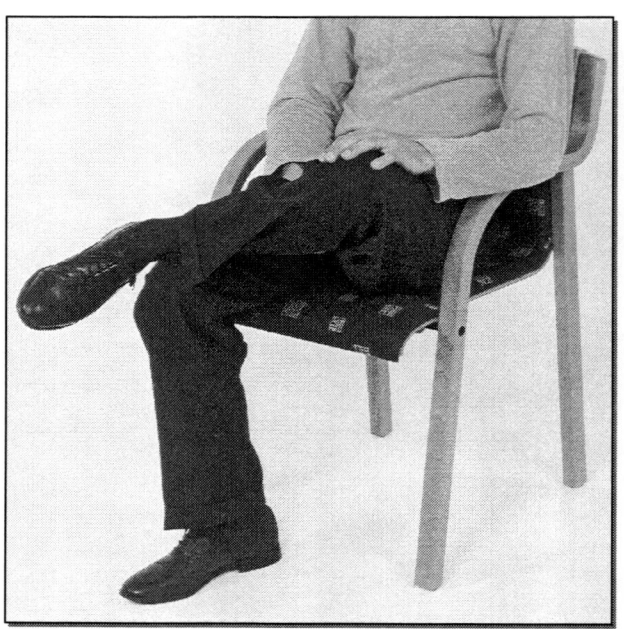

5.1.6 Ein Fuß wird auf dem anderem Bein abgelegt; der Fuß zeigt zum Partner

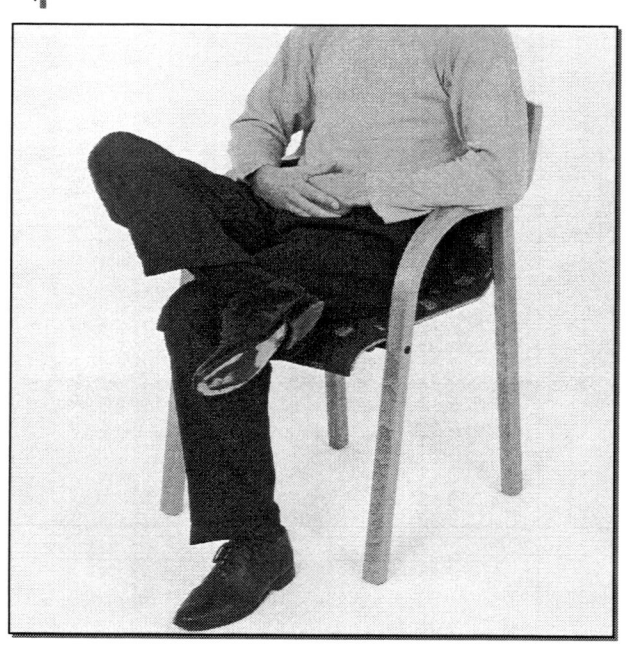

Auch diese Körperhaltung wird als negativ und abweisend gewertet. Bei Zuhörern einiger Kulturen wird es als extrem beleidigend angesehen, wenn die Fußsohle auf diese Personen zeigt. Es kann sich daher eine unangenehme Atmosphäre aufbauen, die den Trainingsablauf behindert.

Ein Bein steht fest auf dem Boden. Das andere Bein ist auf dem ersten Bein abgelegt, so dass der Fuß kurz oberhalb des Knies des ersten Beines zu liegen kommt. Die Fußsohle des aufgelegten Beines zeigt zum Gesprächspartner.

5.1.7 Zurückgelehnt sitzen, die Beine weit gespreizt

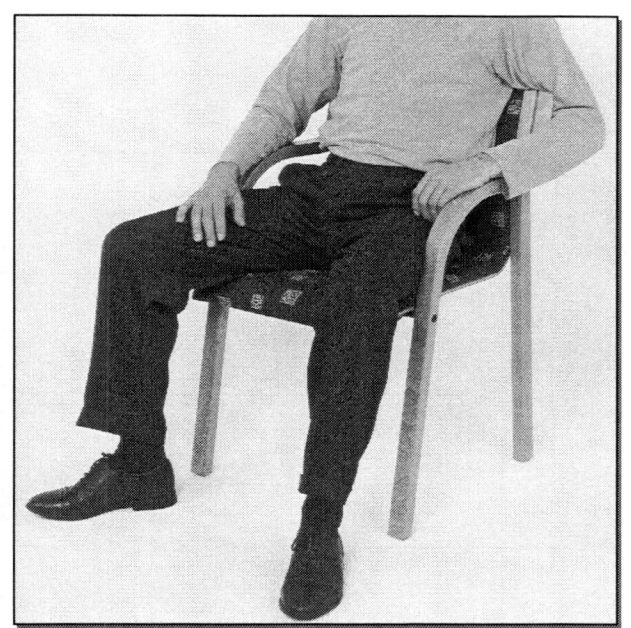

Eine negativ zu deutende Körperhaltung bei Männern, der eine gewünschte „Machohaltung" zu Grunde liegen dürfte. Eine scheinbare Offenheit wird durch das Zurücklehnen des Körpers zunichte gemacht. Als Vortragender versuchen, diese Person als „Mensch" zu sehen und in die Gruppe zu integrieren. Sobald die Beine geschlossen werden, ist diese Person für Informationen aufnahmebereit.

D e Beine sind weit gespreizt. Sie stehen fest auf dem Boden und der Oberkörper ist zurückgelehnt.

5.1.8 Ein Bein streicheln

Die Person streichelt ihr Bein selbst. Sehr wahrscheinlich sagt ihr das Unterbewusstsein: „Ich möchte gerne von meinem Gegenüber gestreichelt werden." Für den Vortragenden ist dies eine positiv zu wertende Körperhaltung, da hier offensichtlich der Person und/oder zu dem Thema Sympathie entgegengebracht wird.

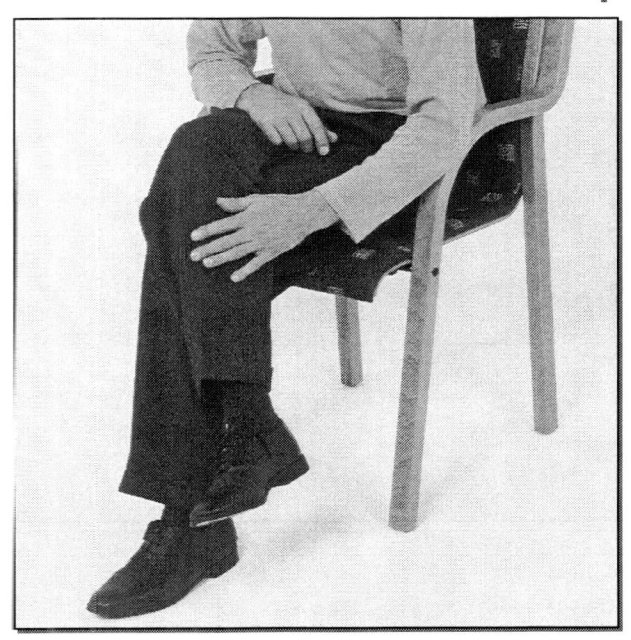

Geistesabwesend wird über das eigene Bein gestrichen oder gestreichelt.

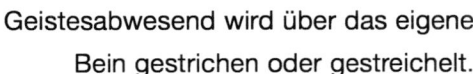

5.1.9 Ein Bein umklammern

Dies ist eine abweisende Körperhaltung. Die Person hält sich an sich selbst fest und lässt gleichzeitig keine Information an sich herankommen. Sie ist in dieser Situation recht schwer zu überzeugen. Der Vortragende sollte versuchen, ein neutraleres Thema zu wählen, um später, bei geänderter Körperhaltung, ggf. auf den in diesem Augenblick besprochenen Punkt zurückzukehren.

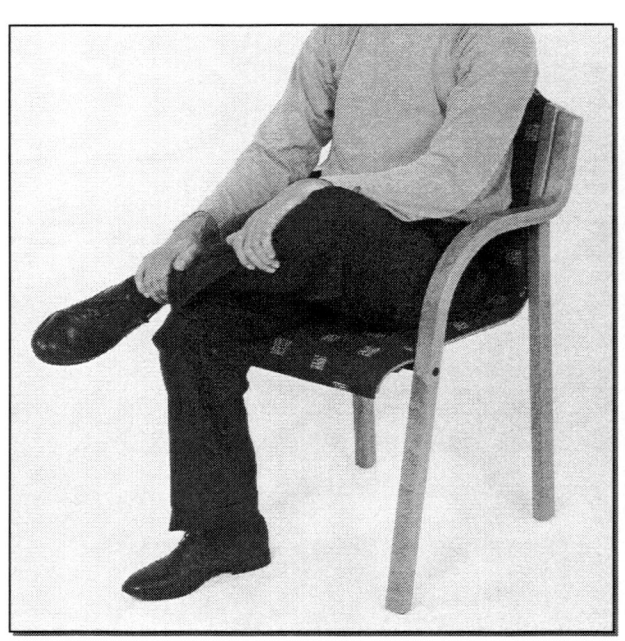

Ein Bein hat einen festen Stand auf dem Boden. Das andere Bein ist auf dem ersten Bein abgelegt. Das oben liegende Bein wird in Höhe des Schienbeines mit einer oder beiden Händen festgehalten.

5.1.10 Die Beine überkreuzen

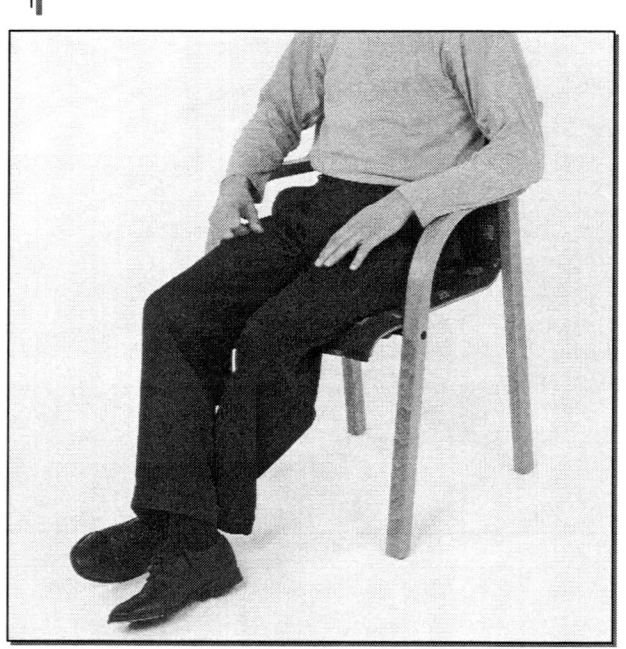

Die Person ist entspannt und sieht keinerlei vermeintliche Gefahren oder Angriffe auf sich zukommen. Ein Aufspringen und Weglaufen aus dieser Körperhaltung heraus ist schwierig. Ein positives Zeichen für den Vortragenden.

Die Beine sind leicht vom Körper weggestreckt und überkreuzen sich in Höhe der Waden.

5.1.11 Die Beine schließen

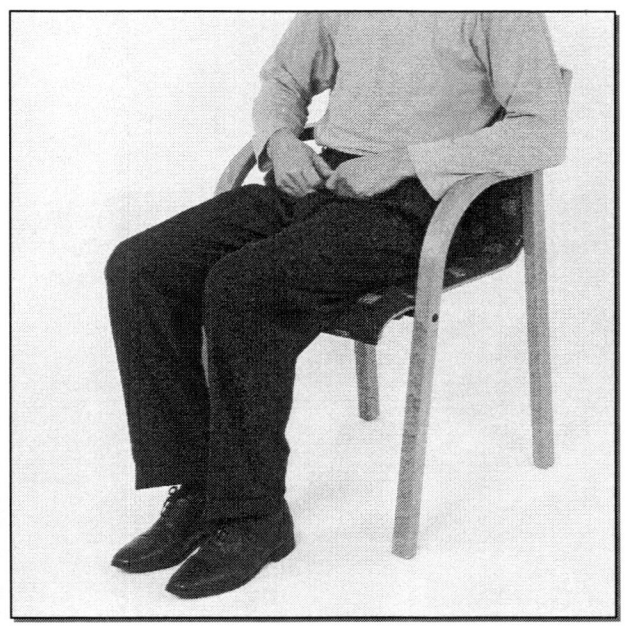

Es ist ein entspanntes Sitzen und aufmerksames Zuhören, solange die Beine nicht aneinander gepresst sind, was dann ein gewisses Verklemmtsein bedeuten würde. Diese Körperhaltung ist positiv für den Vortragenden, da hier die gegebenen Informationen aufmerksam aufgenommen und verarbeitet werden.

Im Sitzen stehen beide Beine parallel zueinander mit festem Stand auf dem Boden.

5.1.12 Auf die Oberschenkel klopfen

Oft ist diese Körperbewegung noch mit einem lauten, zustimmenden Ausruf begleitet. Die Person schlägt sich vor Überraschung oder Begeisterung über eine tolle Idee, einen Witz oder eine Information auf die Oberschenkel. Im negativen Falle wäre dies das Ende eines Gesprächs: „So, bis hierher und nicht weiter", woraufhin unmittelbar ein Aufstehen und Weggehen erfolgen würde.

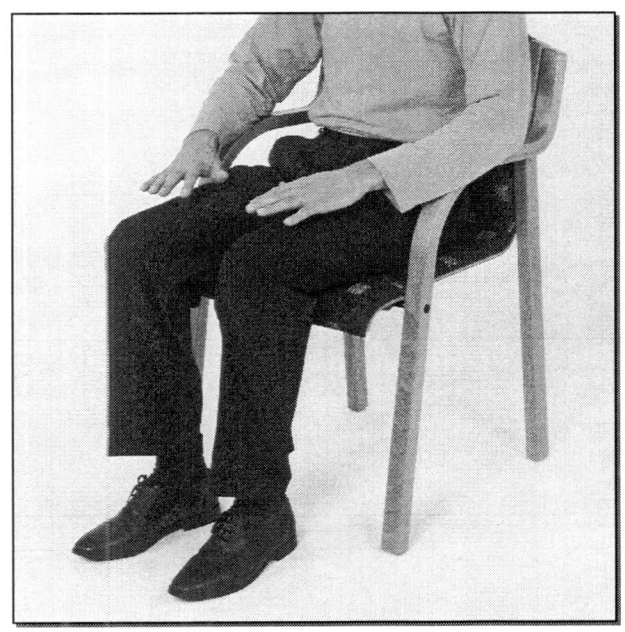

Im Sitzen wird mit einer oder beiden Händen fest auf einen oder beide Oberschenkel geklopft.

5.2.1 Stehend mit den Füßen wippen

Die Person zeigt an, dass sie sich langweilt, oder dass sie mit den Gedanken woanders ist. Am liebsten würde sie weggehen oder etwas anderes tun. Ein negatives Zeichen für den Vortragenden, der versuchen sollte, so schnell wie möglich eine andere Aktivität einzuleiten. In Pausen kann diese Körperbewegung auch als „sportliche" Übung gedeutet werden.

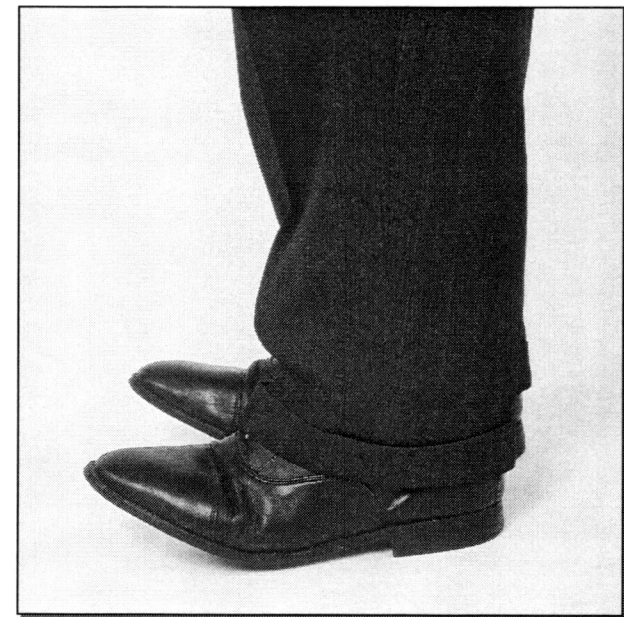

Im Stehen auf beiden Füßen
nach vorn und hinten wippen.

5.2.2 Sitzend mit den Füßen wippen

Wie das Wippen mit den Füßen im Stehen ist auch das Wippen mit den Füßen im Sitzen ein schlechtes Zeichen für den Vortragenden, der sich daher möglichst schnell um ein anderes Thema bemühen sollte.

Im Sitzen auf beiden Füßen
nach vorn und hinten wippen.

5.2.3 Die Füße im Sitzen verschränken

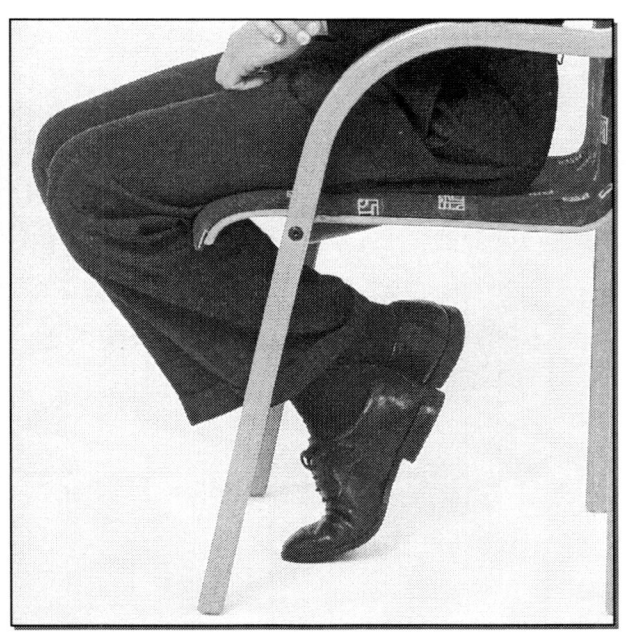

Die Person ist aufmerksam, entspannt und sieht keinerlei Gefahren oder Angriffe. Eine leichte Tendenz, sich an sich selbst festzuhalten und damit eine gewisse Unsicherheit zu verbergen, ist festzustellen. Ein Aufspringen und Weglaufen aus dieser Körperhaltung heraus ist schwierig. Der Vortragende sollte dafür sorgen, dass eine angstfreie Situation hergestellt wird.

Die Beine sind rechtwinklig angezogen und unter dem Stuhl verschränkt.

5.2.4 Die Füße um die Stuhlbeine legen

Diese Körperhaltung zeigt eine große Unsicherheit bei der betroffenen Person. Sie hält sich sozusagen mit ihren Füßen an den Stuhlbeinen fest und wäre am liebsten nicht an diesem Ort. Sie ist aber gezwungen dort auszuharren, wo sie sich gerade befindet. Als Vortragender versuchen, die Situation zu entspannen.

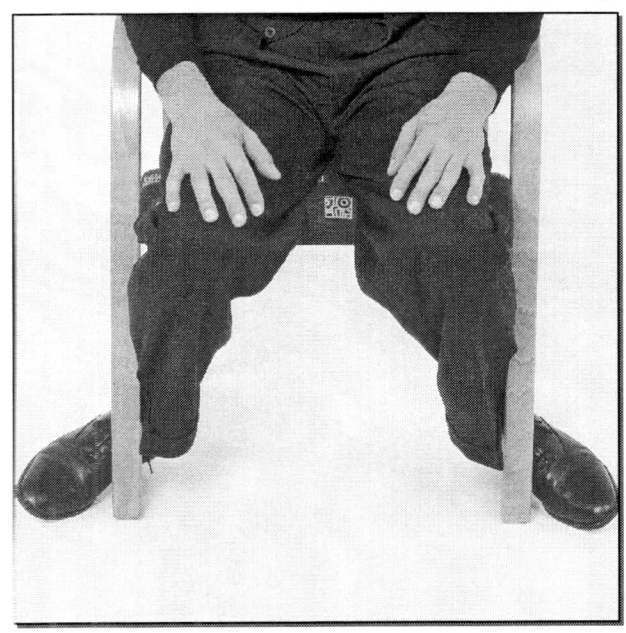

Beide Beine sind unter die Stuhlfläche gezogen. Die Füße umklammern von hinten jeweils ein Stuhlbein.

5.2.5 Einen Fuß im Sitzen nach hinten nehmen

Die Person ist relativ aufmerksam, versucht aber eine Gelegenheit zu finden „aufzuspringen" oder selbst das Wort zu ergreifen und das Gespräch zu führen. Ein Aufspringen und Weglaufen aus dieser Körperhaltung heraus ist leicht möglich. Der Vortragende kann „aktiv" zuhören, um herauszufinden, was die Person „wirklich" will.

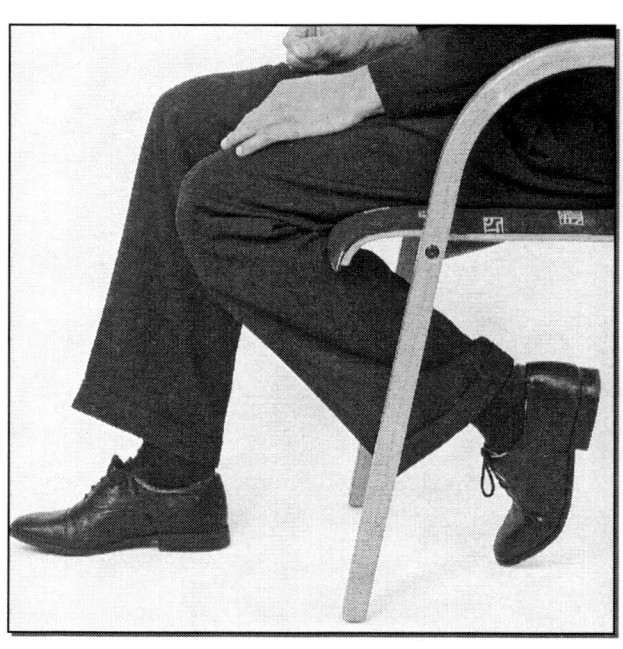

Die Beine sind angewinkelt. Ein Bein ist nach hinten unter die Sitzfläche gezogen und auf der Fußspitze abgestützt. Das andere Bein wird vor dem Stuhl aufgesetzt.

5.2.6 Die Fußspitzen zeigen beim Gehen nach innen

Diese Körperbewegung wird gedeutet als leichte Unsicherheit, als ein leichtes „In-sich-geschlossen-sein". Sie ist eher eine grundsätzliche Haltung, die aus dem Unbewussten kommt und innerhalb eines Gesprächs oder Kurses kaum zu beeinflussen ist. Als Vortragender solch einer Person nicht unbedingt zu Beginn eines Gesprächs eine Aufgabe stellen, deren Lösung das Überwinden einer großen Hemmschwelle bedeutet.

Beim Gehen zeigen die beiden Fußspitzen jeweils leicht nach innen.

5.2.7 Die Fußspitzen zeigen beim Gehen nach außen

Zeigen die Fußspitzen beim Gehen nach außen, kann davon ausgegangen werden, dass dem Zuhörer eine offene, selbstsichere Lebenseinstellung eigen ist. Dies ist positiv für den Vortragenden, da die geistigen Kräfte dieser Person die Gesprächsarbeit stärkend unterstützen können.

Beim Gehen zeigen die beiden Fußspitzen jeweils leicht nach außen.

5.2.8 Mit dem Fuß klopfen

Das Fußklopfen drückt Ungeduld aus, vielleicht auch Unzufriedenheit mit dem eben Gesagten. Am liebsten möchte der Zuhörer jetzt etwas sagen oder tun. Der Vortragende sollte der Person die Möglichkeit geben, zu reagieren, da sie sonst sehr wahrscheinlich im weiteren Gesprächsverlauf aktiv (in diesem Sinne als „störend") werden wird.

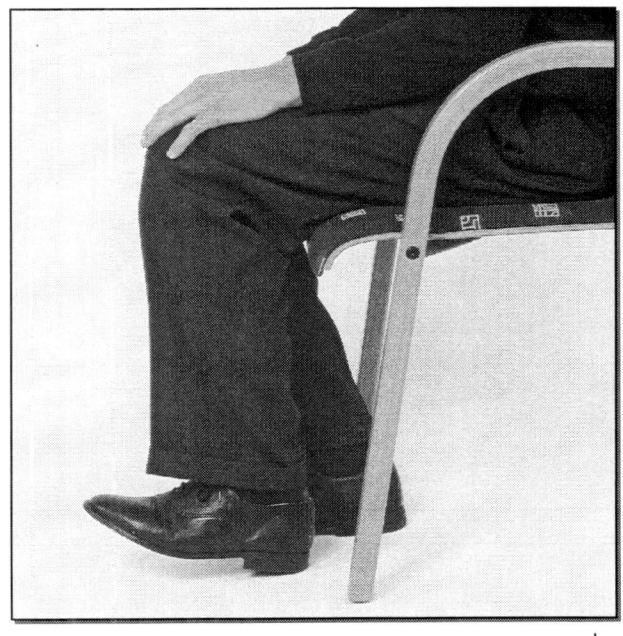

Im Sitzen mit einem Fuß auf den Boden klopfen, wobei die Ferse auf der Erde bleibt.

5.2.9 Einen Fuß verhaken (1)

Die Person hält sich mit einem Fuß an ihrem Körper fest. Sie ist unsicher und nervös, sie fühlt sich unbehaglich. Der Vortragende sollte hier möglichst schnell eine positive Atmosphäre schaffen.

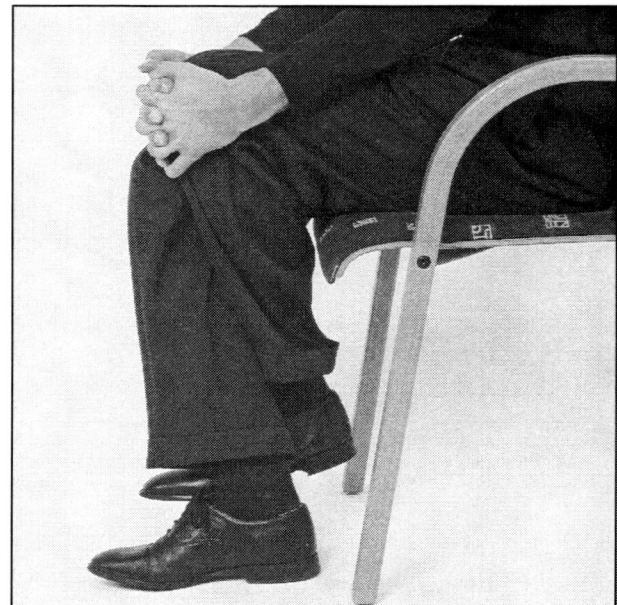

Im Sitzen wird ein Fuß fest hinter die Wade des anderen Beines geklemmt.

5.2.10 Einen Fuß verhaken (2)

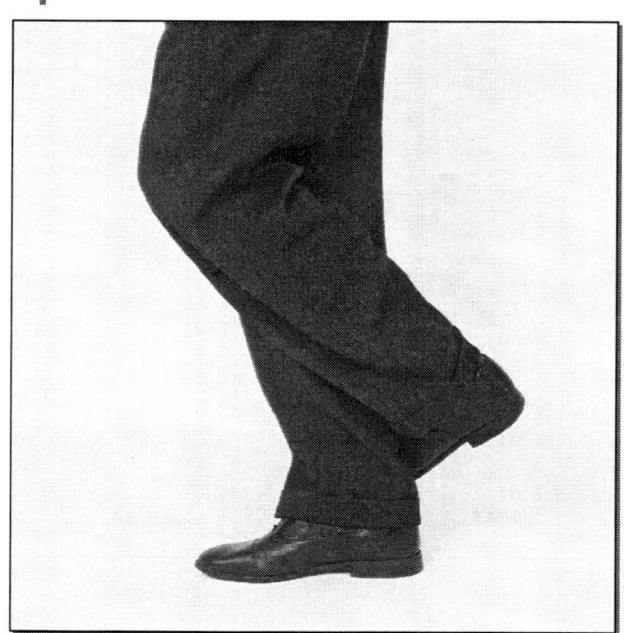

Obwohl diese Bewegung im Stehen ausgeführt wird, und somit schwieriger zu halten ist als im Sitzen, sagt sie dasselbe aus: Die Person hält sich mit einem Fuß an ihrem Körper fest. Sie ist unsicher, nervös und fühlt sich unbehaglich. Manchmal wird die Fußbewegung auch mit einem „Fußkratzen" am anderen Bein getarnt. Gut zu beobachten, wenn sich die Person mit einer Hand abstützen kann, z. B. an einem Rednerpult.

Im Stehen wird ein Fuß fest hinter die Wade des anderen Beines geklemmt.

5.2.11 Mit den Füßen wippen

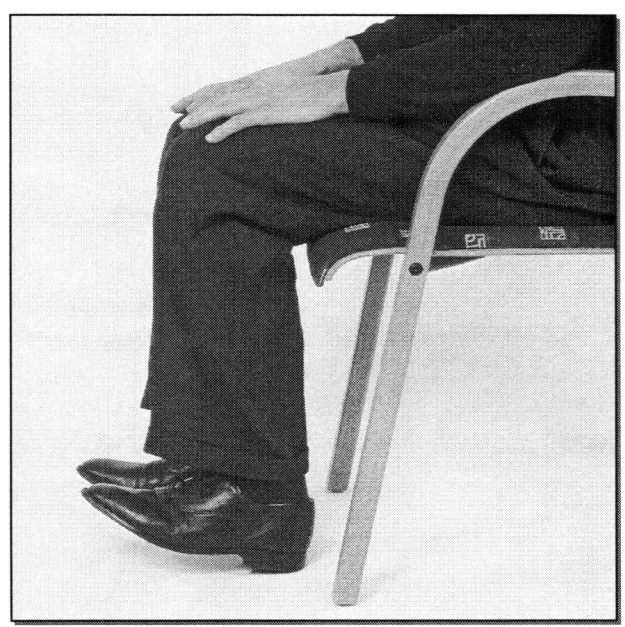

Die Person ist verlegen, „fühlt" sich erwischt. Dies ist des öfteren der Fall, wenn der Vortragende den Hintergrund einer Frage aufdecken konnte. Das Wippen des Fußes ist ein verstecktes Weglaufenwollen. Mit den Füßen zu wippen, ist im Grunde keine negativ zu verstehende Körperbewegung, da die Person der Sache grundsätzlich positiv gegenüber steht.

Im Sitzen mit einem oder beiden Füßen auf und ab wippen, wobei die Fersen auf dem Boden bleiben, oder auf dem anderen Bein abgelegt werden.

Vom selben Autor sind bisher unter anderem folgende Bücher erschienen:

Checklisten für Feiern – Aufgezeigt am Beispiel Silvester. Das Handbuch hilft, alle Arten von Veranstaltungsvorbereitungen, Mitarbeiterbesprechungen und Schlusskontrollen effektiv zu gestalten. 136 Seiten, Broschur.   3-87516-696-5, Matthaes-Verlag, Stuttgart

(sich selbst) Erfolgreich verkaufen – Aufgezeigt am Beispiel Dienstleistung (Gastronomie). Ziele des Buches: Vermittlung einer positiven Lebenseinstellung; Ein besserer Umgang mit anderen Menschen; Erkennen und Abschaffen von Fehlern. Ein Arbeitsbuch mit vielen Aufgaben zum selbständigen Ausfüllen, Ausmalen und Erarbeiten persönlicher Zielvorstellungen. Ca. 300 Seiten, Broschur.   3-87249-227-6, Europa-Verlag, Haan

Servietten formen – Fantasievoll geformte Servietten sind auf jeder Tafel das Tüpfelchen auf dem i. Sie beweisen den Sinn des Gastgebers für stilvolles Ambiente. Über 50 klassische und originelle Formen, durchgehend vierfarbig, viele informative Zeichnungen und sehr schöne Farbfotos der gestalteten Serviette im Gedeck auf dem Tisch, 144 Seiten, gebunden.
                    3-8068-7406-9, Falken-Verlag, Niedernhausen

Kunstvolles Servietten brechen – Von allen bekannten Serviettenformen wurden nur die wichtigsten aufgeführt. Zu jeder Figur sind entsprechende Zeichnungen zusammengestellt. 9. Auflage, 341 Zeichnungen, 60 Serviettenfotos, 132 Seiten, gebunden.
                    3-87516-078-9, Matthaes-Verlag, Stuttgart

Kulinarischer Knigge – Perfekte Umgangsformen rund ums Essen. Der Kulinarische Knigge gibt kompetent Auskunft zu Benimmfragen rund ms Essen und Trinken. Durchgehend vierfarbig; mit vielen informativen Zeichnungen und illustrativen Farbfotos, die Appetit auf mehr machen. 184 Seiten, gebunden.   3-8068-7323-2, Falken-Verlag, Niedernhausen

Kulinarischer Knigge (Taschenbuch) – Das Taschenbuch gibt kompetent Auskunft zu Benimmfragen rund ums Essen und Trinken. 80 Seiten.   3-635-60534-4, Falken

Vorstellungstechniken und Bewerbungstraining – Ein kleines Taschen- und Arbeitsbuch, mit dem Ziel die praktische Persönlichkeits-Entwicklung zu fördern. Das Buch gibt Informationen zum wichtigen Ersten Eindruck und zur Schaffung einer positiven Atmosphäre. Neun Checklisten zum Verhalten vor und während eines Vorstellungsgesprächs. Siebenundvierzig verschiedene Eignungstests, deren Ergebnisse nach bestimmten Fähigkeiten aufgeschlüsselt werden. 72 Seiten.   3-921876-60-5, P.A.S.-Verlag, Bonn

Zimmer und Etage – Service mit System. Vom Zimmermädchen zur Hausdame. Die Arbeiten des Etagenpersonals. Arbeiten am und im Gästezimmer. Die ganze Palette der umfangreichen Tätigkeiten vom Säubern der Zimmer bis zum Aufstellen vor Organisationsplänen. 112 Seiten, gebunden.   3-87516-076-2, Matthaes-Verlag, Stuttgart

Tische und Tafeln – Von der kleinen Familienfeier bis zur Massenveranstaltung im Konferenzsaal wird jede Veranstaltung in übersichtlicher Skizze und klarem Text berücksichtigt. 208 Seiten, Beschreibugen von 65 Tisch- und Tafelformen mit 223 Aufrisszeichnungen, 206 Seiten, gebunden.   3-87516-199-8, Matthaes-Verlag, Stuttgart

Der Praktische Bankettservice – Das Buch vermittelt in einer praxisorientierten Schritt-für-Schritt-Anleitung das notwendige Basiswissen für den professionellen Bankettservice. Neben vielen detaillierten Darstellungen einzelner Arbeitsabläufe werden die wichtigsten Service-Varianten, Anleitungen zur Erstellung von Arbeits- und Organisationsplänen, sowie zahlreiche Variationen von korrektem Sitzplan- und Rangordnung behandelt. 144 Seiten, gebunden.
                    3-87150-414-9, Deutscher Fachbuchverlag, Frankfurt

Mögliche Seminarthemen von Horst Hanisch Seminare Bonn

BUSINESS-ETIKETTE · Karriere und Umgangsformen

Geschäftspartner, Kunden und Gäste erwarten vom heutigen Angestellten weit mehr als reines Fachwissen und Berufskenntnis. Die persönliche 'Note' ist immer gefragter, der Zeit angepasste Umgangsformen entscheiden oft über den Abschluss eines Geschäftes. Die ersten Minuten sind die wichtigsten. In diesem Fachseminar lernen Sie, den 'Punkt auf's i' zu setzen.

- Vorstellen, Begrüßen
- Hand geben, Handkuss
- Rangordnung
- Garderobe
- Geschenke, Give-aways, Blumen
- Wer geht vor?
- Korrektes Platz nehmen
- Strategische Sitzordnung
- Blickkontakt
- Verhalten in öffentlichen Gebäuden

DER ERSTE EINDRUCK · Persönlichkeit & Stil

In nur 7 Sekunden entscheidet es sich, ob wir unser Gegenüber sympathisch finden. Von diesen 7 Sekunden hängt häufig sehr viel ab; ein erfolgreich verlaufendes Verkaufsgespräch, ein optimales Vorstellungsgespräch, oder auch nur eine positive Atmosphäre bei unseren Mitmenschen, beruflich wie privat. In diesem Seminar lernen Sie, einen positiven „Ersten Eindruck" zu erzielen.

- Der erste Eindruck - die ersten 7 Sekunden
- Was sage ich non-verbal aus?
- Kommunikation - verbal wie non-verbal
- Inneres Thermometer
- Was verrät mir die Körperhaltung meines Gegenübers?
- Positive Ausstrahlung
- Kleidung, Frisur
- Selbstsicherer Umgang mit Kunden und Gästen

DER 'wie isst man was' KNIGGE Richtiges Verhalten bei Tisch

Bei einem Geschäftsessen passiert es: Eine ganze Seezunge Müllerin liegt vor Ihnen auf dem Teller. Und Sie wissen nicht genau, wie die köstlichen Filets vom Grätengerüst zu entfernen sind. Was sollen Ihre Geschäftspartner von Ihnen denken. In diesem speziellen Seminar lernen Sie, 'schwierige' Speisen richtig und fachgerecht zu zerlegen und zu verspeisen.

- Das Öffnen von Wein- und Sektflaschen
- Einschenken, Probeschluck
- Der Aperitif, der Digestif
- Verhalten als Gastgeber/in bei Tisch
- Praktische Arbeiten während eines Menüs mit 'Schikanen', z.B. Austern in Schale, Artischocken, Wachteln, Seezunge, Hummer, Bananen

ERFOLG BEGINNT IM KOPF · Mentales und emotionales Handeln

Seit unserer Geburt tragen wir ein ca. 1,5 kg schweres Gehirn mit etwa 10 Mrd. Gehirnzellen mit uns herum. Angeblich sollen maximal nur 20% genutzt werden! In diesem interessanten Seminar gewinnen Sie Einblicke in Denkmodelle und Arbeitsweisen des Gehirns. Sie erfahren, wie Sie die Gehirnfähigkeiten optimaler einsetzen können.

- Linke und rechte Hemisphäre
- Optimale Zusammenarbeit beider Gehirnhälften
- Ultrakurzzeit-, Kurzzeit- und Langzeitgedächtnis
- Kreatives Denken
- Mnemotechnik
- Konzentration und Aufmerksamkeit
- Leistungsmöglichkeiten des Gehirns
- Bildhaftes Speichern

SELBSTBEWUSSTES & SICHERES AUFTRETEN

Was denken meine Gesprächspartner von mir? Wie schaffe ich es, schnell und überzeugend aufzutreten. In wie weit stimmt mein Selbstbild mit dem Fremdbild übereinstimmt. Wie manipuliere ich das Stereotypen-Denken meines Gegenübers positiv? Mein Ziel: Sicher und selbstbewusst auftreten. Überzeugend und erfolgreich meine Ziele verwirklichen.

- Selbstbild / Fremdbild
- Schwächen, Stärken
- Persönlichkeitsprofil
- Wer bin ich? Was kann ich? Was will ich?
- Was Selbstbewusstsein bedeutet
- Stereotypen-Denken
- Typologie und der Umgang damit
- Selbstsicherheit und sicheres Auftreten
- Realistische Zielsetzung

GEHEIMNISSE DER KÖRPER-SPRACHE · non-verbal überzeugen

Geredet und diskutiert wird dauernd und viel. Manchmal viel zu viel. Aber ein kleines Zucken der Gesichtszüge, eine Bewegung mit den Fingern, ein unbewusstes Ändern der Körperhaltung verrät mehr über Sympathie oder Ablehnung des Gesprächspartners. Ziel des Seminars: Körpersprache erlernen und erkennen, was mein Gegenüber wirklich denkt und fühlt.

- Gestik, Mimik
- Körperhaltung
- Der Effekt 'sich spiegeln'
- 'Echtes' Lächeln entwaffnet
- Blickkontakt, Deutung der Augenstellung
- verräterische Arm-, Bein- und Kopfhaltungen
- gehemmte Gesprächspartner auflockern
- aggressive Situationen entspannen

PRÄSENTIEREN & RHETORIK Überzeugen durch Reden und Dialektik

Wer fragt, führt - wer redet, lenkt. Sprechen mit anderen und sprechen zu anderen. Freies Reden, Interviewen, Vortragen und Präsentieren. Das sagen, was ich sagen will. Nein sagen können, ohne dem anderen weh zu tun. Hemmschwellen überwinden. In diesem wichtigen Seminar lernen Sie, wie Sie Ihren Gegenüber durch rhetorische Mittel beeindrucken können.

- Sender – Empfänger und die Nachricht
- Interviewen und Präsentieren
- Vernünftige Vortragsgestaltung
- Überzeugend Reden
- Umgang mit Lampenfieber
- Rhetorische Tricks
- Vermeidung 'Verbotener' Wörter
- Small-talk
- Fragetechnik

ERFOLGREICHE GESPRÄCHS-FÜHRUNG und zielorientierte Verhandlungs-Techniken

Verhandeln, diskutieren, verkaufen, überzeugen, beschwichtigen, motivieren, interessieren, ,sich' und seine Ideen verkaufen. In diesem Seminar wird gezeigt, welche Voraussetzungen geschaffen werden können, um sinnvoll und erfolgreich ein Gespräch zu führen. Strategische und überlegte Verhandlungs- und Gesprächsführung.

- Erfolgversprechende Ausgangsbasis für ein zielorientiertes Gespräch
- Sitzpositionen im Raum
- 'Starke' Plätze am Verhandlungs-Tisch
- Strategien des Gesprächs
- 5-Phasen-Modell
- Überzeugend argumentieren
- Korrekter und bewusster Einsatz von Körpersprache

Horst Hanisch Seminare · Dreizehnmorgenweg 11 · D-53175 Bonn · Tel/Fax 02 28/37 92 41
Besuchen Sie uns im Internet: www.knigge-seminare.de · horst.hanisch@knigge-seminare.de

WWW.KNIGGE-SEMINARE.DE

Wer hat nicht gerne mit Menschen zu tun, die selbstbewusst und selbstsicher mit anderen Menschen umgehen?

Geschäftspartnern, die elementare Regeln des 'Benimms' beherrschen, stehen die Türen zum Erfolg offen. Firmen und Unternehmen, die neben ihrer fachlichen Leistung ebenso 'menschlich' überzeugen wollen, bieten wir für ihre Mitarbeiterinnen und Mitarbeiter aktives Training im Umgang mit Kunden, Gästen, Kollegen und Gesprächspartnern an.

Auf unserer Website informieren wir Sie über folgende Seminare:

Firmen-Internes Training (FIT-Seminare)
     Business-Etikette Special-Training
     Business-Etikette
     Der 'wie isst man/frau was' Knigge
     Der Erste Eindruck
     Selbstbewusstes und sicheres Auftreten
     Präsentieren und Rhetorik
     Erfolg beginnt im Kopf
Offene Seminare für jeden in Bonn (OFF-Seminare)
Individuelles Coaching für Einzelpersonen (ICE-Coaching)
Fachliteratur und Arbeitsunterlagen zu den Themen